Ostfriesische Inseln
Spiekeroog
Hilgenriedersiel
Dornumersiel
Dornum
Esens
orden
Großheide
Rechtsupweg
Südbrookmerland
mersum
Aurich
Wilhelmshaven
Sande
Wiesmoor
inte
nden
Ems
Leer
Rhauderfehn
Oldenburg

Bernd und Hannah Flessner

Das Ostfriesische Märchenbuch

Sagen, Legenden und Märchen
aus Ostfriesland neu erzählt

mit Illustrationen
von Gisela Specht

marzellen
verlag

Bibliografische Information der Deutschen Nationalbibliothek
Die Deutsche Nationalbibliothek verzeichnet diese Publikation
in der Deutschen Nationalbibliografie;
detaillierte bibliografische Daten sind im Internet
über http://dnb.de abrufbar.

2. Auflage

Umschlag und alle Illustrationen: Gisela Specht
Satz/Layout: Redaktionsbüro Tewes, Köln
Lektorat: Ruth und Detlef Reich, Köln
Druck: Druckerei Florjancic, EU

Printed in EU.
ISBN 978-3-937795-92-8

www.marzellen-verlag.de

Inhalt

Es war einmal ...

Die Sagen, Legenden und Geschichten aus Ostfriesland sind jahrhundertealt und doch zum Greifen nah. Immer wieder wurden sie im Volksmund weitererzählt und irgendwann aufgeschrieben. So zeigen sie eine wunderbare Sagen- und Erzählungswelt über die Jahrhunderte auf.

Einige Schauplätze des „Ostfriesischen Märchenbuches“ könnt ihr auch heute noch besichtigen und dort viel über die Vergangenheit des jeweiligen Ortes erfahren. Am Ende jedes Märchens wird auf einem solchen Pergament erklärt, welche Orte aus den Geschichten ihr euch heute noch anschauen könnt. Jedes Märchen hat sein eigenes Symbol, das ihr auf dem Lageplan im Einband des Buches wiederfindet. So könnt ihr euch selbst auf Zeitreise begeben und den Spuren der ostfriesischen Geschichten folgen.

Das unheimliche Hexenfest

Man erzählte sich früher in Ostfriesland viele Geschichten über Hexen. Oft begegnete man ihnen an Flussufern oder abgelegenen Bächen, aber auch im Wald und in den Wiesen konnte man sie einst antreffen. So erging es auch einem Bauer, der eines Abends durch ein Waldstück ging. Der Bauer hatte seine Schwester in Esens besucht und wollte nun nach Hause zu seinem Hof. Frau und Kinder warteten schon auf ihn, doch er hatte sich verlaufen. Es wurde schnell dunkel und die Nacht brach schließlich herein. Nur noch ein paar vereinzelte Sterne blickten auf die Erde herab und der Bauer ging, so schnell er konnte, den schmalen Pfad entlang.

„Wie lange dauert es wohl noch, bis ich endlich zu Hause in meinem warmen Bett liegen kann?“, fragte sich der Bauer besorgt. Er war müde und hungrig und wünschte sich, der Weg durch den Wald würde endlich ein Ende finden. Aber es kam anders. Nach einiger Zeit bemerkte der Bauer links vom Pfad einen kleinen Lichtschimmer, der durch die Dunkelheit drang.

„Was ist denn das?“, sagte er zu sich. „Mitten im Wald ein Licht! Das kann doch gar nicht möglich sein.“

Doch der Lichtschein wurde mit jedem Schritt des Bauern heller und heller. Wie von vielen hundert Kerzen wurde der Wald nun erleuchtet. Dem Bauern war dies so unheimlich, dass er beschloss, zurück zum nächstbesten Dorf zu laufen. Gerade als er im Begriff war, umzukehren, erblickte er aus der Ferne zwei Gestalten. Diese kamen schnell immer näher. Jetzt sah der Bauer, dass es sich um zwei Frauen handeln musste. Und so war es auch. Der Bauer traute seinen müden Augen kaum. Es waren tatsächlich zwei Frauen aus seinem Dorf. Er kannte sie nicht besonders gut, aber sie lebten auf zwei der benachbarten Höfe.

„Guten Abend“, sagte der Bauer höflich, als die beiden Frauen an ihn herantraten. Sie waren in wunderschöne bunte Kleider gehüllt und ihre langen Haare hingen offen auf ihre Schultern herab.

„Guten Abend“, kicherten die zwei.

„Was macht ihr hier zu so später Stunde im Wald?“, fragte der Bauer und wunderte sich über ihr Erscheinungsbild und ihr heiteres Auftreten.

„So spät ist es doch noch gar nicht“, lachte die eine Frau. „Wir haben noch viel vor und die Sterne sind unser sicheres Geleit“, sprach die andere, während sie noch näher an den Bauer herantrat. „Komm doch mit uns“, sagten beide Frauen wie im Chor und legten plötzlich die Arme um ihn.

„Ich kann nicht. Ich muss nach Hause zu meiner Familie“, antworte der Bauer mit bebender Stimme. Die Furcht hatte ihn gepackt und er wusste nicht, was er von den zwei Nachbarsfrauen aus seinem Dorf halten sollte.

„Komm, komm lieber Bauer!“, sangen sie immer wieder und nahmen ihn schließlich mit sich in den Wald. Es schien dem Bauern dabei so, als könne er gar nicht anders. Wie von Geisterhand tat er, wie die Frauen ihm geheißen hatten, und tauchte in die Reihen der Bäume ein, mitten auf das flackernde Licht zu. Doch nicht nur die Helligkeit nahm stetig zu, auch hörte der Bauer nun Geräusche. Erst ganz leise wie zartes Blätterrascheln, dann immer lauter und lauter. Schließlich konnte er Stimmen und Gelächter vernehmen.

„Wo bin ich da nur hineingeraten?“, dachte sich der Bauer besorgt. Doch ehe er weiter darüber nachdenken konnte, führten die beiden Nachbarsfrauen ihn zu dem Ursprung des Lärms und der flackernden Lichter. Er betrat eine Lichtung, die von hunderten von Kerzen erleuchtet war. In der Mitte befand sich eine riesige Tafel. Sie war reich gedeckt mit allerlei unterschiedlichen Speisen. An dem festlich gedeckten Tisch saßen noch weitere Frauen und andere geheimnisvolle Gestalten, darunter auch zwei ausgewachsene Bären. Die Frauen gaben den Tieren etwas zu essen und

streichelten ihr dichtes braunes Fell. Sie schienen keinerlei Angst vor den Bären zu haben. Alle an der Tafel waren ausgelassener Stimmung, prosteten sich gegenseitig zu, aßen und tranken nach Herzenslust.

Als der Bauer von seinen zwei Begleiterinnen an die Festtafel geführt wurde, hieß man ihn willkommen.

„Komm und setz dich zu uns!“, lud ihn eine Frau an der Tafel ein. „Du musst unbedingt etwas essen.“

Der Bauer wurde genötigt, sich auf einen der freien Stühle zu setzen. Da saß er nun zwischen den Frauen und den Fabelwesen und wusste sich nicht zu helfen. „Es müssen Hexen sein“, dachte er bei sich. „Ich muss auf der Hut sein und darf nicht unüberlegt handeln“.

„Iss endlich etwas und feiere mit uns!“, sprach da eine besonders schöne Frau zu ihm. Sie hatte lange rote Haare und war ihm unbekannt. So eine Frau hatte er noch nie gesehen. Ihre Lippen waren röter als jede Rose und ihre Augen schimmerten wie Edelsteine. Der Bauer riss mit Mühe seinen Blick von der bildschönen Frau los und sah auf die vielen verschiedenen Speisen. Nichts davon hatte er jemals gegessen oder gesehen. Die Gerichte sahen seltsam aus und rochen ganz fürchterlich. In seiner unendlichen Not sagte der Bauer ganz laut: „Da fehlt aber überall noch Salz im Essen!“

Daraufhin wurde es schlagartig ganz still und es wurde so hell auf der Lichtung, dass der Bauer die Augen zukneifen musste. Als er sie wieder öffnete, waren die gesamte Festtafel und alle Hexen verschwunden. Er saß nun völlig allein inmitten der Lichtung.

„Der Spuk ist vorbei!", stellte er erleichtert fest. Sein Herz klopfte noch heftig gegen seine Brust, aber er konnte wieder klar denken. Als er sich umsah, erkannte der Bauer auf der anderen Seite der Lichtung einen schmalen Pfad. Er machte sich schnell auf und folgte ihm, bis er ins nächste Dorf kam. Von dort hatte er es nicht mehr weit und gelangte schließlich mit sicheren Schritten nach Hause. Die Nachbarsfrauen hatte er von diesem Tage an nie wiedergesehen.

Geschichten und Volkssagen über Hexen gibt es viele in Ostfriesland. Noch heute werden in der Region viele Orte im Wald oder auf einem Hügel „Hexentanzplatz" genannt. Man glaubte, dass sich hier die Hexen trafen, um gemeinsam zu feiern und zu tanzen.

Der Ort Esens wiederum ist noch bis zum heutigen Tag als „Bärenstadt" bekannt. Im Mittelalter wurde die Stadt einst von Feinden belagert. Gleichzeitig soll sich der Bär eines fahrenden Musikanten in Esens aufgehalten haben, der die Truppen vor den Toren der Stadt abschreckte. Die Feinde glaubten, die Stadtbewohner hätten noch so viel Proviant übrig, dass sie selbst einen ausgewachsenen Bären ernähren konnten. Aus diesem Grund brachen sie die Belagerung von Esens ab.

Ort: Esens, Am Markt

Die Hexen von Töwerland

Vor langer Zeit lebten auf Töwerland zwei Gewitterhexen. Die eine, Geelke, wohnte in einem kleinen Häuschen aus Strandgut und Stroh auf der Bill, also am Westende der Insel. Die andere, Tönna mit Namen, hatte es sich am Ostende, dem Kalfamer, im Wrack eines alten Kutters bequem gemacht.

Auf der Insel waren die beiden Hexen gerne gesehen, denn wenn Hilfe benötigt wurde, kamen sie auf ihren Besen herbeigeflogen. Geelkes Zauber wirkte vor allem auf das Wasser. Drohte eine Sturmflut, konnte sie die Wellen besänftigen. Tönna wiederum besaß Macht über den Wind. Mühelos zähmte sie jeden Orkan und verwandelte ihn in eine müde Brise. Statt Schaumkronen aufzutürmen, kroch der Wind nur noch sanft durch die Haare der Menschen.

„Es ist schön, sie hier bei uns zu haben", betonten die Insulaner immer wieder.

„Wir leben auf der schönsten Insel", lobte ein alter Fischer.

„Das Wetter ist nirgends besser", freute sich eine Schäferin.

Viele Jahre lang sorgten die beiden Hexen für eine friedliche See und einen friedlichen Wind. Doch mit einem Mal wurde es ungemütlich auf Töwerland. Zunächst fielen die Veränderungen kaum jemandem auf. Ab und zu frischte der Wind spürbar auf und heulte durch die Dachböden der kleinen Häuser. Dann wieder krachten plötzlich ein paar hohe Wellen gegen den Anleger der Fischerboote.

„So etwas kann passieren", meinte eine der Marktfrauen.

„Sonst wäre es ja auch langweilig", stimmte ihr der Bäcker zu.

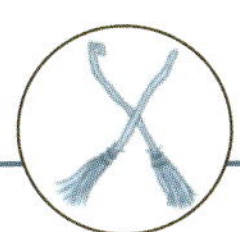

Ein paar Tage später fuhr eine kräftige Bö in einen der drei Marktstände und riss ihn zu Boden. Äpfel und Kürbisse kullerten über das Pflaster, während der Wind das Dach aus Segeltuch bis zum Strand trug.

Am darauffolgenden Tag entdeckte der Strandläufer, der nach Strandgut Ausschau hielt, merkwürdige weiße Gebilde auf dem Meer. Als er sein Fernrohr, das er immer bei sich trug, vor sein rechtes Auge hielt, traute er diesem zunächst nicht.

„Schaumkronen?“, flüsterte er ungläubig und versuchte es mit seinem linken Auge. „Schaumkronen!“, wiederholte er, wobei er jetzt laut und weithin hörbar war.

Der Strandläufer tat, was er am besten konnte, lief ins Dorf und erzählte allen, was er gesehen hatte. Jeder glaubte ihm, denn er war als sehr guter Beobachter bekannt, nicht jedoch als Lügner.

„Schaumkronen?“, fragte sich der Bäcker. „Die gibt es nur auf hohen Wellen.“
„Hier stimmt etwas nicht!“, stellte die Marktfrau fest, deren Stand davongeweht war.
„Vielleicht sind unsere Hexen krank?“, fragte ein junger Fischer, der eine viel zu große Mütze auf dem Kopf trug.

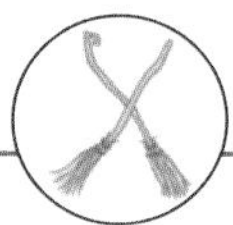

„Am besten, wir sehen mal nach“, schlug der Bäcker vor.

„Und wer soll gehen?“, fragte die Marktfrau.

„Der Strandläufer natürlich“, antwortete der Bäcker.

Da ihn nun alle ansahen und immer mehr Menschen auf dem kleinen Marktplatz eintrafen, stimmte er zu.

„Zur Bill“, riet der Bäcker. „Das ist am nächsten.“

Der Strandläufer lief und lief und lief, bis er das Westende der Insel erreicht hatte. Dort stand die kleine Hütte der Hexe Geelke, gezimmert aus Strandgut und Stroh. Gerade wollte der Strandläufer an die Tür klopfen, die einst in eine Schiffskabine geführt hatte, als ein Fluch ertönte, der ihm durch den ganzen Körper fuhr.

„Tönna, du bist die schlechteste von allen Gewitterhexen, die es in Ostfriesland gibt! Möge der entfesselte Sturm dich hinfortwehen! Ich aber bin die beste aller Gewitterhexen und Herrscherin über die Wellen!“

Der Strandläufer bekam es mit der Angst zu tun, drehte sich auf der Stelle um und lief und lief und lief, bis er das Ostende der Insel erreichte, den Kalfamer. Die Menschen, die sich auf dem Marktplatz versammelt hatten, sahen nur seinen Schatten, so schnell lief er. Der Bäcker erhob seine Stimme, doch ehe er seine Frage beenden konnte, war der Strandläufer schon wieder verschwunden.

„Das sieht nicht gut aus“, meinte die Bäckersfrau.

Schon stand der Strandläufer vor dem Wrack des alten Kutters. Vom Rumpf war nicht mehr viel übrig. Dafür aber war das Fahrerhaus noch gut erhalten. Vorsichtig und mit ängstlichen Schritten ging der Strandläufer an Bord. Gerade wollte er anklopfen, als ein Fluch ertönte.

„Geelke, du bist die schlechteste von allen Gewitterhexen, die es in Ostfriesland gibt! Möge die tosende und aufgewühlte See dich fortspülen! Ich bin die beste aller Gewitterhexen und Herrscherin über die Winde!“

Wieder drehte sich der Strandläufer um, sprang von Bord und lief und lief und lief, bis er den Marktplatz erreichte. Dort hielten sich die Menschen ihre Hüte und Mützen fest, denn der Wind hatte aufgefrischt.

„Sie haben Streit", keuchte der Strandläufer.
„Und worum streiten sie?", fragte die Marktfrau.
„Es geht darum, wer die beste Gewitterhexe ist", antwortete der Strandläufer und schnappte nach Luft, von der zum Glück genügend vorhanden war.
„Ist das denn wichtig?", wunderte sich der Bäcker.
„Völlig unwichtig", brummte der alte Fischer. „Wichtig ist, das wir hier alle in Frieden leben."

In diesem Augenblick vernahmen sie einen ohrenbetäubenden Brecher, wie sie ihn lange nicht mehr gehört hatten. Der Strandläufer zog sofort sein Fernrohr auseinander und linste hindurch.
„Das war der vordere Bootssteg", meldete er. „Er ist nicht mehr da."
„Was ist mit der See?", fragte die Marktfrau.
„Sie tobt", berichtete der Strandläufer. „Ein Wellenberg folgt auf den nächsten. Die Wellentäler sind zu tief, um auf ihren Grund zu schauen."

„Können wir ihnen nicht Einhalt gebieten?", fragte einer der jungen Fischer.
„Nein, das können wir nicht", maulte der Bäcker. „Wir haben keine Zauberkräfte."
„Wenn die Hexen ihre Zauberkräfte missbrauchen, werden sie bald auch keine mehr haben", gab die Bäckersfrau zu bedenken.
„Bist du sicher?", fragte der junge Fischer.
„Das sind die Regeln", antwortete die Bäckersfrau. „Das ist auch der Grund, warum es kaum noch Hexen gibt."

„Seht mal!", rief plötzlich der Strandläufer und zeigte mit dem Finger in die Luft. Dort flog das Wrack des gestrandeten Kutters durch die Luft, als wäre es eine Sturmmöwe.
„Schaut nach Süden! Auf das Wattenmeer!", schrie die Marktfrau und streckte ihren Arm aus. Auf einer der riesigen Wellen, mitten auf der

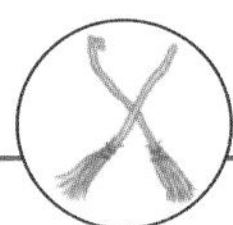

Schaumkrone, tanzte die kleine Hütte aus Strandgut und Stroh, als wäre es ein Flaschenkorken.

„Beim Barte des Klabautermanns!“, raunte der Bäcker.

„Wir sollten uns in Sicherheit bringen“, schlug die Bäckersfrau vor. „Der Sturm wird zum Orkan.“

Die Insulaner stemmten sich gegen den Wind, der aus allen Richtungen gleichzeitig zu wehen schien, und kehrten in ihre Häuser zurück. Sie verrammelten Fenster und Türen und kämpften mit der Angst. Draußen aber zuckten die Blitze um die Wette, folgte Donner auf Donner, während sich im Süden und Norden der Insel die Wellen zu riesigen Wellengebirgen auftürmten. Und mitten in diesem unbeschreiblichen Getöse flogen und schwammen Geelkes Hütte und Tönnas Wrack.

„Windige Hilfshexe!“, rief Geelke in den Sturm hinein.

„Wässrige Schlapphexe!“, schrie Tönna durch die Wellentäler.

„Luftnummer!“, entgegnete Geelke.

„Wasserschaden!“, erwiderte Tönna.

Drei volle Tage lang beschimpften und verfluchten sich die beiden Hexen und boten ihre gesamte Zauberkraft auf, um die andere zu besiegen. Doch keiner von beiden gelang es.

Drei Tage lang harrten die Insulaner in ihren Häusern aus, die dem geballten Unwetter kaum mehr standhalten konnten. Dann, von einem Augenblick zum nächsten, machte sich eine unheimliche Stille breit. Kein Laut war mehr zu hören. Der Sturm hatte sich gelegt, die See beruhigt. Mit größter Vorsicht traten die Menschen vor ihre Häuser und besahen sich die verwüstete Insel. Der Maibaum lag in den Dünen, die Reusen der Fischer hingen in den wenigen Bäumen, die stehengeblieben waren.

„Wo sind die Hexen?“, fragte der Bäcker.

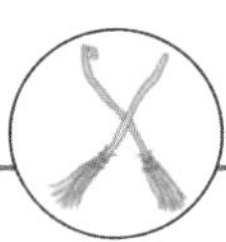

Der Strandläufer nahm umgehend sein Fernrohr zur Hand und ließ es kreisen. Doch es war gar nicht von Nöten, denn die beiden Hexen saßen auf dem Markplatz, Geelke im Norden, Tönna im Süden. Sie saßen auf den Pflastersteinen und starrten sich an. Ihre Haare standen zu Berge und waren mit Ruß überzogen, ihre Gesichter ebenfalls, ihre Kleider trugen Brandflecke.

„Hilfshexe!", krächzte Geelke heiser.
„Schlapphexe!", keuchte Tönna kaum hörbar.

Sie erhoben ihre Zauberstäbe und nahmen sich ins Visier. Die Insulaner gingen hinter der nächsten Düne in Deckung. Doch nichts passierte. Kein Sturm brach los, keine Schaumkronen flogen über den Strand. Die Zauberstäbe durchschnitten zwar die Luft, zeigten aber keine Wirkung. So sehr die Hexen auch damit herumfuchtelten, nichts geschah.

„Was habe ich euch gesagt?", schüttelte die Bäckersfrau den Kopf. „Wer seine Zauberkraft missbraucht, der verliert sie."
„Endlich! Der Streit ist zu Ende!", riefen alle Fischer im Chor.
„Jetzt geht es ans Aufräumen", sagte die Marktfrau und zeigte abwechselnd auf die beiden Hexen. „Und das macht ihr!"

Der Strandläufer lief über die Insel und kehrte mit den Hexenbesen zurück. Jede Hexe erhielt einen.
„Also los! An die Arbeit!", riefen die Fischer. „Oder ihr verlasst die Insel."

Die beiden Hexen, die nun keine mehr waren, sahen sich an und erhoben sich langsam. Sie wollten sprechen, aber aus ihren Mündern kamen nur ein paar unverständliche Laute. Dann ließen sie ihre Blicke kreisen, machten traurige Gesichter und nahmen die Besen in die Hand.

Es dauerte lange, aber schließlich schafften sie es, die ganze Insel wieder in Ordnung zu bringen.

„Was war eigentlich der Grund für euren Streit?“, fragte irgendwann der Strandläufer.

„Wir wissen es nicht mehr“, gestand Geelke.
„Wir haben es vergessen“, gab Tönna zu.

Mit einer Länge von 17 Kilometern ist Juist die längste der Ostfriesischen Inseln. An seiner engsten Stelle ist Juist dagegen nur 500 Meter breit. Auf Juist gibt es zwei Ortschaften, nämlich Juist, auch Hauptort oder Ostdorf genannt, und Loog, das Westdorf. Juist vorgelagert sind im Westen die unbewohnten und geschützten Inseln Memmert und die Kachelotplate, deren Inselstatus allerdings umstritten ist.

Durch die Petriflut wurde die Insel 1651 in zwei Teile geteilt. Erst zu Beginn der 1930er Jahre konnte diese Lücke wieder geschlossen werden. An ihrer Stelle befindet sich der Hammersee, der größte Süßwassersee auf einer Ostfriesischen Insel.

Juist wird auch Töwerland genannt, also Zauberland. Einst soll es hier Hexen gegeben haben. Die Touristeninformation befindet sich Rathaus. Von dort sind alle Ziele schnell und zu Fuß zu erreichen (Autos sind ohnehin verboten). Auch lassen sich dort geführte Insel- und Watttouren buchen. Erklärungen zum Verhalten in den Dünen gibt es auch.

Ort: Rathaus, Strandstraße 5, 26571 Nordseebad Juist,
https://www.juist.de/

Die kluge Häuptlingstochter von Schloss Gödens

In dem Ort Sande gab es ein riesiges und prachtvolles Schloss: Das Schloss Gödens. Es galt weit und breit als das schönste Bauwerk dieser Art in Ostfriesland. Die Häuptlingsfamilie, die das Schloss bewohnte, war überall geachtet. Man baute stets auf den weisen Rat des Häuptlings und die Menschen lebten gut unter seiner Regentschaft.

Doch eines Tages kehrte der mächtige Häuptling nicht von einem Schlachtfeld in den Marschen zurück. Die Trauer in Sande und auf dem Schloss war groß. Selbst die Dienerschaft vergoss viele bittere Tränen um den Häuptling. Aber dieser hatte ein Kind. Es war seine bildschöne und kluge Tochter mit dem Namen Fenja. Da sie das einzige Kind des Häuptlings war, musste sie nun seinen Platz einnehmen. Und auf jeden Fall sollte sie heiraten. Darauf bestand ihre Mutter.

„Schließlich soll ja dein Mann der nächste Häuptling werden, mein Kind", sagte sie zu ihrer Tochter.

„Aber ich will gar nicht heiraten!", widersprach Fenja. „Ich brauche keinen Ehemann, ich kann selbst entscheiden und brauche dafür keinen Mann."

Doch egal, wie sehr sich die Tochter gegen den Willen der Mutter zur Wehr setzte, am Ende musste sich Fenja geschlagen geben. So kam es, dass überall in ganz Ostfriesland Boten ausgesandt wurden. Sie verkündeten, dass die Häuptlingstochter von Schloss Gödens einen Ehemann suche. Viele Männer hatten bereits von der Schönheit und Klugheit der Häuptlingstochter gehört. So war es nicht weiter verwunderlich, dass sich eine Heerschar aufmachte, um sich an der Brautwerbung zu beteiligen.

Von nun an tauchten jeden Tag mutige Helden, eitle Häuptlingssöhne und stattliche Prinzen vor den Toren des Schlosses auf. Doch die junge Häuptlingstochter wollte es ihrer Mutter und den Bewerbern nicht zu einfach machen.

„So leicht bekommt ihr mich nicht unter die Haube. Ich werde euch Rätsel aufgeben!", sagte sie zu sich.

Jede Nacht dachte sich Fenja schwierige Aufgaben und Rätsel für die jungen Männer aus. Nur derjenige, welcher im Stande war, diese zu lösen, durfte um ihre Hand anhalten. Die Rätsel waren in der Tat eine erstaunliche Herausforderung für die Freier. Niemand vermochte auch nur eines von ihnen zu lösen. Aus diesem Grund schaffte es die kluge Häuptlingstochter, dass keiner der Männer ihr Ehemann wurde. Das machte ihre Mutter unglaublich wütend. Doch es half nichts, Fenja blieb weiterhin ohne einen Gemahl.

Eines schönen Tages kam ein junger Mann und stellte sich der Häuptlingstochter vor: „Ich bin ein Fischer, edle Häuptlingstochter, und ich habe nicht viel an Besitz. Aber mein Verstand soll Euch gehören. Auch meinen Ehrgeiz, meine Treue und meine Beharrlichkeit habe ich Euch zu bieten. Wollt Ihr meine Frau werden?"

Fenja staunte über die Wortgewandtheit und die Anmut des gut aussehenden jungen Fischers. Solch ein Mann war ihr noch nie unter die Augen gekommen. Dennoch stellte sie ihm, wie all ihren Freiern, ein Rätsel.

„Lieber Fischer", sprach sie, „willst du mich zu deiner Ehefrau, so musst du ein Rätsel lösen. Zeige mir drei Dinge, die ich noch nie in meinem Leben besessen habe und mich dennoch danach sehne. Löse diese Aufgaben und komme innerhalb von drei Tagen wieder. Hast du dies Rätsel tatsächlich gelöst, werde ich deine Gemahlin werden."

So sprach die bildschöne Häuptlingstochter und seufzte innerlich. Sie hoffte sehr, dass der junge Fischer der Aufgabe gewachsen war, zweifelte aber daran. Der mutige Fischer wiederum zog umgehend los und machte sich daran, das Rätsel der Häuptlingstochter zu lösen. Die Tage vergingen und die kluge Häuptlingstochter konnte vor lauter Aufregung des Nachts kein Auge zutun. Sie fragte sich, was der Fischer ihr wohl zeigen würde. Ob er eine beschwerliche Reise tat? Ob er sich in Gefahr begeben würde?

Endlich waren die drei Tage verstrichen und die Häuptlingstochter erwartete mit klopfendem Herzen die Ankunft des jungen Fischers. Dieser kam unversehrt und strahlend zu ihr in den Hauptsaal des Schlosses.

„Lieber Fischer, sage mir, was für drei Dinge willst du mir zeigen? Welche Dinge auf dieser Welt habe ich noch nie besessen und möchte sie dennoch sehnlichst haben?"

Der junge Fischer lächelte sie daraufhin an und sagte: „Als erstes, liebe Häuptlingstochter, möchte ich Euch ein Buch zeigen."

Fenja war mehr als erstaunt.

„Ein Buch", seufzte sie. „Ich habe mehr als hundert Bücher hier in der Bibliothek des Schlosses. Welches Buch sollte ich also haben wollen?"

Da zog der schlaue Fischer einen kleinen dünnen Band aus seiner Tasche und überreichte ihn der Häuptlingstochter.

„Was ist das?", fragte Fenja.

„Ein Witzebuch", antwortete der junge Fischer und grinste.

Die Häuptlingstochter blätterte in dem dünnen Buch, las einige der Witze und lachte laut auf, sodass ihr Lachen im ganzen Saal zu hören war.

„Du hast recht", sagte sie schließlich. „Mir hat Humor in meinem Leben gefehlt. Es ist immer so ernst und ich habe so viele Verpflichtungen, da kommen gute Laune und Lachen viel zu kurz."

Der junge Fischer freute sich, dass er die erste Aufgabe des Rätsels gelöst hatte. Nun kam die zweite an die Reihe: „Kluge und schöne Häuptlingstochter“, fuhr er fort. „Bitte geleitet mich zu meinem Schiff, wo ich Euch das Zweite zeige, welches Ihr nicht besitzt und dennoch begehrt.“

Das verwunderte Fenja, doch sie ließ sich darauf ein und kleidete sich passend für einen Ausflug zu dem Schiff des Fischers. Als sie bei diesem angekommen waren, führte der Fischer die Häuptlingstochter an Deck und legte ab. Der Fischer fuhr mit ihr über das Meer, ließ sie den Wind im Gesicht spüren und die frische und salzige Seeluft atmen.

Als die Sonne unterging, sagte sie zu ihm: „Liebster Fischer, auch dieses Rätsel hast du meisterhaft gelöst. Ich habe noch nie in meinem Leben die Freiheit besessen. Du hast sie mir heute auf dem Meer gezeigt.“

Der Fischer war überglücklich, dass er sogleich daranging, das dritte Rätsel zu lösen.

„So will ich Euch, liebe Häuptlingstochter, das Letzte geben, was Ihr Euch ersehnt habt und noch nicht besitzt. Ich hoffe, es ist das, was Ihr begehrt, denn ich begehre schon längst das Eure." Mit diesen Worten ergriff er die Hand der Häuptlingstochter und legte sie auf seine Brust, sodass sie sein Herz klopfen fühlen konnte.

„Mein lieber Fischer, du hast auch das letzte meiner Rätsel lösen können. Ich hatte es so gehofft. Es ist dein Herz, wonach ich mich gesehnt habe. Jemand, mit dem ich auf Augenhöhe mein Leben teilen möchte. Der klug, liebenswert und humorvoll zugleich ist. Auch dir gehört von nun an mein Herz und ich will deine Frau werden."

Mit diesen Worten küsste Fenja den jungen Fischer. Beide heirateten und waren in Ostfriesland glücklich bis an das Ende ihrer Tage.

Seit Mitte des 14. Jahrhunderts wurde Ostfriesland von mächtigen und einflussreichen Häuptlingsfamilien regiert. Das Schloss Gödens bei Sande hat eine lange Geschichte. Es gab bereits im Spätmittelalter in der Nähe des heutigen Wasserschlosses eine Burganlage, die eine Residenz des Häuptlings Edo Boings war. Allerdings kam es zur Zerstörung der Anlage. Im Jahre 1517 wurde etwa 1,5 Kilometer von dem einstigen Standort mit dem Bau eines Wasserschlosses begonnen. Ein Schlosspark kam im Lauf der Jahre hinzu, doch 1669 wurde das Schloss nach einem Brand noch einmal komplett neu aufbaut. Heute wird Schloss Gödens von einer Stiftung verwaltet. Regelmäßige Veranstaltungen laden dazu ein, sich die prächtige Anlage anzusehen und sich von einer anderen Zeit verzaubern zu lassen.

Ort: Sande, Schloss Gödens 1

Die magische Mühle von Hinte

Einst lebte ein junger Mann in einem kleinen Dorf namens Hinte. Er hatte nicht viel Geld, aber das störte ihn nicht. Nach dem Tod seines Onkels hatte er nämlich dessen Mühle geerbt. Diese war jedoch sehr alt und schon seit vielen Jahren nicht mehr in Betrieb. So stand sie still und mahlte kein Getreide mehr zu Mehl, das man hätte verkaufen können.

Der junge Mann war jedoch sehr ehrgeizig und wollte sein Glück als Müller versuchen. Aus diesem Grund setzte er die betagte Mühle wieder in Stand und steckte Tag um Tag sein handwerkliches Geschick und seine ganze Kraft in das Bauwerk. Die harte Arbeit des jungen Mannes zahlte sich schließlich aus. Mit der Zeit erstrahlte die Mühle in neuem Glanz. Ihre Flügel waren frisch bespannt worden und sie war neu gestrichen. Schon von weitem konnte man nun die Mühle in ihren leuchtenden Farben erkennen.

Schließlich war der junge Mann bereit, das erste Getreide zu mahlen. Dafür hatte er Korn von einem Bauern gekauft. Er war ganz aufgeregt und konnte es kaum erwarten, seine alte Mühle zum Leben zu erwecken. Doch als er das Korn in den dafür vorgesehenen Trichter gab, blieb die Mühle stumm. Nichts regte sich. Die Mühle schwieg. Der junge Müller verstand es nicht. Er hatte doch alles erneuert und sein letztes Hab und Gut in die Mühle gesteckt. Der Wind wehte, aber die Flügel blieben unbeirrt an ihrem Platz.

So kam es, dass der junge Müller an diesem Tag kein Korn zu Mehl mahlen konnte. Auch am nächsten Tag blieb die Mühle still und auch an den darauffolgenden Tagen rührte sich nicht mal ein Staubkorn. Der junge Mann war verzweifelt. Was sollte er nur tun? Da fiel ihm ein, dass im nahe gelegenen Wald eine weise Frau in einem kleinen Häuschen leben sollte. Er beschloss, sie am nächsten Tag zu besuchen.

Gleich am frühen Morgen brach der junge Mann auf, um in den Wald zu gehen. Er fürchtete sich nicht, denn er mochte das dunkle Grün der kräftigen alten Bäume, und auch die vielen Waldbewohner beobachtete er gerne. Der Wald wurde langsam immer dichter und dunkler. Das Blattwerk der Bäume verdeckte nach und nach den Himmel, sodass der junge Müller bald kein Tageslicht mehr sehen konnte.

Als er gerade darüber nachdachte, wieder umzukehren, um der Dunkelheit des Waldes zu entkommen, sah er plötzlich einen schwachen Lichtschein in einiger Entfernung glimmen. Mit neuer Hoffnung beschleunigte er seine Schritte. Beinahe wäre er dabei über ein paar kräftige Wurzeln gestolpert. Je näher er dem Licht kam, umso deutlicher zeichneten sich die Umrisse einer kleinen Hütte ab. Sie war zwischen zwei alten, hoch gewachsenen Bäumen errichtet worden und schien schon eine lange Zeit dort zu stehen. Die zwei dunklen Fenster blickten wie traurige Augen zu ihm. Das Dach war moosbewachsen und an vielen Stellen bereits eingefallen.

„Das muss es sein. Das Häuschen der weisen Frau“, sagte sich der tapfere Mann und klopfte schließlich an die Tür. Diese öffnete sich wie von Zauberhand und er trat langsam in das kleine Häuschen ein. Im Inneren der Hütte war es düster und mollig warm. Es roch nach Kräutern und frischem Brot.

„Komm etwas näher, junger Mann!“, sagte plötzlich eine Stimme, die mitten aus der Dunkelheit des Hauses zu kommen schien. „Meine müden Augen können nicht mehr so gut sehen und ich möchte mir dein Gesicht anschauen“.

Mit klopfendem Herzen trat der junge Mann näher in den Raum hinein. Da sah er in der hintersten Ecke des Zimmers einen großen Sessel. Dort saß eine alte Frau mit langen weißen Haaren, die wie ein Krähennest auf ihrem Kopf zu einem wirren Dutt gebunden waren.

„Fürchte dich nicht!“, sagte die Frau mit ihrer rauen Stimme. „Möchtest du etwas heiße Suppe und ein Stück Brot?“

Damit hatte der junge Mann nicht gerechnet. Die alte Frau lächelte ihn aufmunternd an und deutete mit einem zittrigen Finger auf einen kleinen Kessel, der über dem Feuer hing. Darin blubberte eine herrlich duftende Suppe.

Nachdem der junge Mann etwas von ihr gegessen und von dem frischen Brot gekostet hatte, fragte die Frau ihn leise. „Warum bist du zu mir in den Wald gekommen? Der Weg hierher ist dunkel und beschwerlich. Was also führt dich zu einer alten Frau wie mir?“

Der junge Müller seufzte und sagte schließlich: „Ich brauche deinen Rat, weise Frau. Meine Mühle im Dorf mahlt kein Korn. Obwohl ich sie in Stand gesetzt habe, will sie sich nicht bewegen. Ich weiß mir nicht mehr zu helfen!“

Die alte Frau hatte den Schilderungen aufmerksam gelauscht. „Ich werde dir helfen“, sagte sie schließlich und setzte sich in ihrem Sessel kerzengerade auf. „Du bist ein eifriger junger Mann und deine Mühle soll wieder mahlen. Doch du besitzt keine gewöhnliche Mühle, wie sie sonst in Ostfriesland zu finden sind. Deine Mühle ist eine magische Mühle.“

Der junge Müller wollte es zunächst nicht glauben.

„Meine Mühle soll magisch sein, weise Frau?“, fragte er erstaunt.

„Sie mahlt nur, wenn du die Mäuse, die dort wohnen, mit deinem Korn

fütterst und wenn du auf den Mühlsteinen deinen Namen schreibst. Nur dann wird die Mühle dich als ihren neuen Meister anerkennen."

Der junge Mann bedankte sich bei der alten Frau und machte sich auf den Weg zurück zu seinem Dorf. Er war sich immer noch nicht ganz sicher, was er von den Worten der weisen Frau glauben durfte. Vielleicht war sie einfach nur eine verwirrte Greisin?

Der junge Mann dachte noch nach, als er bei seiner alten Mühle ankam. Sie hatte geduldig mit unbewegten Flügeln auf ihn gewartet. Da fasste der junge Mann einen Entschluss. Er würde den Rat der weisen Frau annehmen und sein Glück versuchen.

So machte er sich daran, die Mäuse mit ausreichend Korn zu füttern, und er schrieb in fein leserlicher Schrift mit dem Billhammer, der eigentlich zum Schärfen der Mühlsteine gedacht war, seinen Namen auf die runden Steine. Nach der ganzen Aufregung und der vielen Arbeit legte er sich erschöpft auf sein Bett, das er neben dem Kornlager in der Mühle eingerichtet hatte, und schlief sofort ein.

Nach einiger Zeit wurde er von einem knarrenden, scharrenden Geräusch geweckt. Noch leicht verschlafen, stand der junge Mann auf und sah sich um. Er kannte das Geräusch, konnte es aber kaum glauben. Die Mühlsteine

bewegten sich! Umgehend rannte er so schnell ihn seine Beine trugen aus der Mühle und blickte in den wolkenverhangenen Himmel. Ein starker Wind wehte die salzige Luft umher und trieb die Flügel der Mühle an, die sich drehten und drehten.

Der erstaunte junge Mann begann voller Freude zu lachen und klatschte in die Hände. Er würde der weisen Frau nun jede Woche frisch gebackenes Brot in den Wald bringen, bis an ihr Lebensende.

In dem schönen Ort Hinte steht auch heute noch eine Mühle. Sie wurde im Jahre 1869 erbaut und ist ein dreistöckiger Galerieholländer.

Noch immer ist sie ein Wahrzeichen des Ortes und wird vom Dorf genutzt. Allerdings nicht mehr, um Mehl zu mahlen, sondern unter anderem für das Abhalten von Hochzeiten. Man kann sich in der Mühle trauen lassen und anschließend in der Teestube im angrenzenden Maschinenhaus feiern. So ist diese Mühle für Hinte weiterhin etwas ganz Besonderes.

Im Erdgeschoss der Mühle ist heute die Fremdenverkehrszentrale eingerichtet und in den oberen Stockwerken gibt es neben dem Trauzimmer auch ein Friesenzimmer und eine Gemäldegalerie. Eine Besichtigung lohnt also in jedem Fall.

Ort: Hinte, Brückstraße 11

Die Orgel von Rysum

In den Dörfern der Krummhörn lebten einst viele Bauern. So auch in dem kleinen Warfendorf Rysum. Es ist noch heute bekannt für seine Häuser und Gässchen und gilt als eines der schönsten Dörfer Ostfrieslands. Hier gab es vor langer Zeit auch etliche Bauernhöfe, manche von ihnen groß und prächtig und mit vielen Knechten und Mägden.

Doch nicht jeder Bauer in Rysum war wohlhabend. Ein Bauer, der weitab der Ringstraße mit seiner Frau lebte, hatte Pech mit der Ernte gehabt und auch drei seiner besten Rinder waren erkrankt.

Eines Tages beim Abendessen sprach seine Frau schließlich mit ihm. Auf dem Tisch stand nur ein kleiner Laib Brot und etwas Suppe. Mehr konnte sich das arme Ehepaar nicht leisten.

„Was sollen wir tun?", fragte die Frau ihren Mann. „Wir können so nicht mehr weitermachen."

„Ich weiß es doch auch nicht", antwortete der Bauer. „Aber wir dürfen nicht aufgeben."

„Du musst die drei kranken Rinder schlachten!", sagte die Frau. „Nur so kommen wir noch über die Runden."

Der Bauer seufzte schwer. „Aber die Tiere sind mir lieb und teuer, ich pflege sie gesund."

Die Frau sah das allerdings ganz anders als ihr Mann. Wütend ging sie zu Bett und ließ den Bauern allein zurück am Tisch.

Am nächsten Morgen ging der Bauer in aller Frühe zu seinen Rindern in den Stall. Er versorgte sie immer gut und der große Stall war stets sauber und mit viel Stroh ausgelegt.

„Hallo meine Lieben", sagte der Bauer und begrüßte seine Tiere. „Ich werde euch gesund pflegen. Das verspreche ich euch."

So arbeitete der Bauer Tag und Nacht auf den Feldern und versorgte seine Rinder noch besser, damit sie wieder gesund würden. Er gab ihnen das beste Futter, streichelte und massierte sie jeden Tag. Obwohl seine Frau ihn nicht mehr ansah, gab er nicht auf. Nach einer Woche kam der Bauer am Abend noch einmal in den Stall, um nach seinen Rindern zu sehen.

„Na, meine Lieben, wie geht es euch?", fragte der Bauer die Tiere und streichelte sie.

„Eigentlich ganz gut", meinte da das kräftigste und größte der Rinder.

Der Bauer dachte, er hätte sich das gerade eingebildet, aber dann sprach auch ein weiteres Rind zu ihm.

„Aber das ist doch gar nicht möglich", staunte der arme Bauer und wäre fast aus seinen Stiefeln gekippt. „Träume ich etwa? Bin ich auf den Feldern und bei der Arbeit eingeschlafen?"

„Du träumst nicht", widersprach das Jüngste der Rinder „Wir konnten schon immer sprechen."

„Aber wir tun es nur, wenn wir es möchten", sagte das Kleinste und Schönste der Rinder.

Der Bauer war immer noch ganz blass, aber er fragte schließlich die Rinder: „Und ihr lieben Tiere möchtet ausgerechnet mit mir armen Bauern sprechen? Womit habe ich dies verdient?"

„Du hast uns Tag ein, Tag aus gepflegt“, sagte da das größte Rind zu ihm.

„Du hast uns das beste Futter gegeben“, sprach das Jüngste.

„Und du hast uns nicht zum Schlachter gebracht“, meinte das schönste Rind.

„Aber das habe ich doch gerne gemacht!“, freute sich der Bauer.

„Aus diesem Grund haben wir auch beschlossen, dir und deiner Frau zu helfen“, sagten die drei Rinder.

„Das ist schön und gut“, sprach der Bauer, „aber wie können Tiere wie ihr mir helfen? Ich und meine Frau brauchen dringend etwas Geld und die Ernte fällt dieses Jahr sicherlich nicht so gut aus.“

„Mach dir keine Sorgen, mein lieber Bauer“, sagte das jüngste Rind. „Jedes von uns Tieren wird jeweils etwas Gutes tun. Nun geh zu Bett. Wir sehen uns dann morgen.“

Der Bauer tat wie ihm von den drei Rindern geraten und legte sich schlafen. Er war allerdings so durcheinander und aufgeregt von seinem Erlebnis mit den sprechenden Tieren, dass er lange brauchte, um in den Schlaf zu finden. Am nächsten Morgen kam der Bauer erneut in den Stall. Er versuchte sich immer noch einzureden, dass er sich die sprechenden Rinder nur eingebildet hatte. Doch die drei Tiere begrüßten ihn erneut in der Sprache der Menschen.

„Es ist an der Zeit für die erste gute Tat“, verkündete das Kleinste der Rinder. „Ich werde dir zu einer guten Ernte verhelfen.“

„Aber wie soll das gehen?“, fragte der arme Bauer. So ganz konnte er den Zauber nicht glauben.

„Dein Boden ist fest und unfruchtbar", erklärte ihm da das kleine Rind. „Du bist fleißig und arbeitest jeden Tag. Doch den Boden kannst du nicht ändern. Ich aber schon. Pflanze und säe alles aus und du wirst sehen, es wird wachsen."

Der Bauer hielt sich schließlich an den Rat der Kuh und arbeitete wie gewohnt auf dem Feld weiter. Und als der Frühling in den Sommer überging, hatte er eine reiche Ernte für den nahenden Herbst vor sich. Der Bauer konnte sein Gemüse und seinen Weizen gut auf den Märkten in der Krummhörn verkaufen. Das Geld teilte seine kluge Frau gut ein und sie hatten jetzt jeden Tag einen vollen Magen.

Im Herbst trafen sich schließlich alle Bauern des Dorfes in der Kirche von Rysum. Es sollte eine Orgel für die Gemeinde angeschafft werden und man beriet sich, wie man solch ein teures Instrument bezahlen sollte. Die Bauern wollten ihre besten Rinder auf dem Markt verkaufen, um genügend Geld zu sammeln. Auch der arme Bauer sollte eines seiner Rinder abgeben, da seine Ernte in diesem Jahr so gut ausgefallen war. Als er nach Hause ging und seinen Stall betrat, begrüßten ihn die Rinder.

„Mach dir auch dieses Mal keine Sorgen, lieber Bauer", sprach das Größte der Rinder zu ihm. „Du wirst auf dem Markt viel Geld für mich bekommen, sodass du genügend für die Orgel geben kannst."

Der Bauer freute sich. „Vielen Dank", sagte er. „Aber was wird dann aus dir werden, wenn ich dich auf dem Markt verkaufe?"

„Mach dir meinetwegen keine Gedanken. Mir wird es gut gehen", antwortete das Größte der Rinder.

Und so verkaufte der Bauer das Rind an eine wohlhabende alte Frau.

„Ich werde gut für das Tier sorgen", versprach sie dem Bauer.

Da er eine große Summe Geld für das große Rind bekommen hatte, konnte der Bauer auch seinen Anteil für die neue Orgel der Rysumer Kirche bezahlen. So erhielt das Dorf bald eine wunderschöne Orgel.

Nun hatten zwei der Rinder ihre guten Taten erfüllt. So sprach schließlich auch das Schönste der Rinder zum Bauern und sagte zu ihm „Auch ich werde dir etwas Gutes tun. Es wird das schönste Geschenk werden."

Also ging der Bauer zu Bett und legte sich neben seine Frau.

Einige Tage später sagte seine Frau zu ihm. „Mein Liebster, wir bekommen ein Kind.“ Da war der Bauer überglücklich und wusste, was das Schönste der Rinder ihm für ein Geschenk gemacht hatte.

Das Warfendorf Rysum gehört zu der Gemeinde Krummhörn. Hier befindet sich auch die Backsteinkirche, in der eine der ältesten Orgeln der Welt zu sehen ist. Ihr Grundbestand stammt aus dem 15. Jahrhundert.

Tatsächlich war es so, dass dieses Musikinstrument durch Rysumer Bauern bezahlt wurde. Sie hatten laut historischen Aufzeichnungen zehn ihrer besten Rinder in Groningen in Holland verkauft, um ihre Schulden für den Bau der Orgel zu begleichen.

Viele Orgelliebhaber und Musiker reisen heute noch aus aller Welt in den kleinen ostfriesischen Ort, um sich die wunderschöne Orgel anzusehen. Die kleine Backsteinkirche befindet sich am höchsten Punkt des Dorfes, ganz in der Nähe der Rysumer Mühle. Auch Rysum selbst ist einen Besuch wert und wurde 1998 zum schönsten Dorf Niedersachsens gekürt.

Ort: Rysum, Turmstraße 4

Der Geist im Moor

Das Land, auf dem die schöne Stadt Wiesmoor erbaut wurde, war einst völlig unbesiedelt. Hier breitete sich stattdessen ein riesiges Moor aus. Weit und breit fand man keine Menschenseele und Wanderer mussten gut auf sich achtgeben. Das Moor, so hieß es, beherberge allerhand Torfkobolde, Geister und Irrlichter, die es auf Verirrte und Hilflose abgesehen hatten.

So war es ein recht ungewöhnlicher Anblick, als drei Männer das Moor betraten und sich immer tiefer in dessen düstere Landschaft vorwagten. Die drei Männer waren auf dem Weg in die nächstgrößere Stadt. Der Hunger hatte sie von ihrem kleinen Gut fortgetrieben und das Moor war wie eine sumpfige Barriere zwischen ihnen und der rettenden Stadt. Die drei Männer hatten ihr letztes Hab und Gut in ein Bündel gepackt und waren losgezogen.

Der erste Tag im Moor verlief ohne ungewöhnliche oder gar unheimliche Begegnungen. Die Männer kamen gut voran und die Hoffnung keimte in ihnen auf, dass sie die Reise unbeschadet überstehen würden. Als jedoch die Nacht hereinbrach, trauten sie sich keinen einzigen Schritt mehr zu tun.

„Lasst uns ein Feuer machen und die Nacht hier verbringen“, schlug Klaas vor, der Älteste der Männer.

Diesem Vorschlag stimmten Aiko und Boje, die anderen beiden Männer, sofort zu. Mit geübten Handgriffen entfachten sie ein Feuer, doch die Flammen züngelten nur schwach und spendeten den Freunden wenig Licht. Die feuchte Umgebung machte es dem Feuer schwer.

Eng rückten die Männer aneinander. Die Wanderung hatte sie viel Kraft gekostet und ihnen blieb nur noch ein kümmerlicher Laib Brot. Dennoch teilten sie ihn brüderlich und niemand von ihnen bekam weniger oder mehr.

Schließlich bot sich Aiko an, die erste Wache zu übernehmen. Die anderen legten sich hin und waren auf der Stelle eingeschlafen.

Aiko starrte in die Dunkelheit des Moores und lauschte der Stille. Nichts regte sich, kein Blatt wehte im Wind und kein Zweig knackte unter einem Tritt. Nach und nach wurden Aikos Lider schwer. Der Schlaf wollte ihn übermannen, flüsterte ihm sanft ins Ohr. Doch Aiko wollte seine Freunde nicht im Stich lassen und versuchte mit aller Macht, gegen die Müdigkeit anzukämpfen.

Da vernahm er plötzlich einen Laut. Ein leises Stöhnen, das in seine Ohren drang, mitten aus der Tiefe des Moores.

„Spielt mir der nahende Schlaf einen Streich?“, fragte sich der junge Mann und spitzte gleichzeitig seine Ohren.

Nun klang das sich nähernde Geräusch wie ein Wispern. Aiko stand mit einem Mal auf. Die Müdigkeit und jedweder Gedanke an Schlaf waren verschwunden. Mitten aus der Finsternis schien etwas auf ihn zuzukommen. Langsam gleitend, wie ein Nebelschwaden. Aiko war starr vor Angst. Jeder einzelne Muskel in seinem Körper zitterte vor Anspannung. Mit einem Mal schwebte der Nebelschwaden unmittelbar vor ihm. Er hatte die Umrisse und das Antlitz eines Mannes.

„Ich träume oder das muss ein Geist sein“, dachte sich Aiko. Und bei diesem Gedanken kroch ihm ein Schauer über den Rücken.

„Fürchte dich nicht“, sprach da der Mann aus Nebel mit einer eisigen Stimme zu ihm. „Ich will dir nichts Böses.“

Irgendwie gelang es Aiko, seinen Mut wiederzufinden, und er fragte den Geist: „Was möchtest du dann?“

Die nebelige Gestalt blickte traurig mit leeren Augen auf ihn herab.

„Als ich noch lebte, verirrte ich mich hier im Moor. Ich war damals ein Dieb auf der Flucht. Nun möchte ich Wanderern helfen, nicht das gleiche Schicksal zu erleiden. Ich möchte helfen und Gutes tun."

Bei jedem Wort des Geistes stellten sich Aikos Nackenhaare auf.

„Du willst uns also den Weg hier heraus zeigen?", fragte er ungläubig.

„So ist es", stimmte der Geist zu. „Aber ihr müsst mir vertrauen. Geht tagsüber nach Norden und folgt der kleinen Drossel. Sie kennt den Weg zur nächsten Stadt."

Mit diesen Worten löste sich der Geist in viele kleine Nebelfetzen auf. Aiko stand mit zittrigen Knien da und war noch ganz benommen von der unheimlichen Begegnung.

Am nächsten Morgen erzählte er seinen beiden Gefährten von dem Nebelgeist.

„Du wirst schlecht geträumt haben", meinte Klaas zu ihm.

„Du wirst doch wohl einem Nebelschwaden nicht glauben", lachte Boje. „Selbst, wenn es wahr ist, der Geist war ein Dieb und bestimmt auch ein Lügner."

So glaubten die beiden Freunde nicht an Aikos Geschichte und sie brachen auf, um immer tiefer in das Moor zu gelangen. Doch es war nicht einfach. Die Männer hatten wenig Kraft und ihre Mägen knurrten. Die trostlose Landschaft drückte auf ihre Gemüter, jeder von Ihnen ging seinen eigenen Gedanken nach. Schließlich blieb Boje stehen.

„An diesem Baum sind wir schon mal gewesen", sagte er und zeigte auf eine verdorrte Erle.

„Sind wir etwa im Kreis gelaufen?“, fragte Klaas und blickte sich um.

„Wir kommen hier niemals wieder raus!“, rief Boje und fiel auf die Knie.

Da kam mit einem Mal eine Drossel vorbeigeflogen und setzte sich auf einen kahlen Ast, der aus dem Moor ragte. Sie sah die drei Männer mit klugen, leuchtenden Augen an. Da erinnerte sich Aiko an die Worte des Geistes.

„Doch, wir schaffen es hier raus, ihr müsst mir vertrauen“, sagte er zu seinen Freunden und half Boje auf die Füße. „Folgt mir nach“, sagte der junge Mann und beobachtete die Drossel. Diese erhob sich in die Luft und flog geradewegs Richtung Norden.

„Wir müssen uns beeilen, kommt schon“, ermutigte Aiko seine Freunde und lief mit ihnen weiter. Er folgte der Drossel, die immer wieder an einem Ast oder auf einem Grasbüschel auf sie wartete. Mit der Zeit begann sich das Moor zu verändern. Die verkümmerten Bäume wurden weniger und schließlich erkannten sie einen Pfad. Klaas, Aiko und Boje folgten ihm und entkamen mit einem Mal den düsteren Fängen des unheimlichen Moores. Es begann schon zu dämmern, als sie in der Ferne die ersten Umrisse einer kleinen Stadt erkennen konnten.

Inzwischen waren sie von einer seichten Graslandschaft umgeben.

„Das gibt es doch nicht", staunte Klaas und blickte auf die Stadt. „Wie hast du das nur gemacht?", fragte Boje seinen Freund.

Aiko jedoch hatte nur Augen für die kleine Drossel, die angeflogen kam. Sie setzte sich behutsam auf seinen Arm und klapperte mit ihrem Schnabel. „Vielen Dank", sagte Aiko und streichelte der Drossel ihr Gefieder. Der Vogel flog davon und die drei Männer schlugen noch einmal ein Nachtlager auf. Am nächsten Tag wollten sie in die Stadt gehen, um dort Arbeit und eine Unterkunft zu finden.

Die ostfriesische Märchen- und Sagenlandschaft ist voller übernatürlicher Wesen. Ganz gleich ob Geister, Wiedergänger oder andere Erscheinungen. Natürlich gibt es daher auch einige Geschichten über Gespensterschiffe oder Geister in Gestalt von Häuptlingen und Burgfrauen.

Früher glaubten die Menschen auch, dass vor allem das Moor viele böse Geister beherbergte. Viele Reisende verirrten sich in den großflächigen Moorlandschaften, wie sie es einst auch in der Region um Wiesmoor gab.

Heute ist der Luftkurort für viele Sehenswürdigkeiten bekannt. Allen voran verweist das Torf- und Siedlungsmuseum auf die Geschichte des Ortes und seine tiefe Verbindung zum Moor.

Ort: Torf- und Siedlungsmuseum, Resedaweg 18, Wiesmoor, https://www.torf-und-siedlungsmuseum.de/

Die alte Frau und der Fisch

Es ist schon viele Jahre her, als in dem kleinen Fischerdorf Greetsiel eine alte Frau lebte. Wie alt sie war, das konnte niemand mehr sagen. Sie war eine von den Menschen, die schon immer alt gewesen waren, seit man sich an sie erinnern konnte. Diese Frau war im ganzen Ort unter dem Namen Gerda bekannt. Sie wohnte in einem kleinen heruntergekommenen Häuschen fast unmittelbar am Deich und natürlich in der Nähe des Hafens. Viele Fischer kamen zu ihr und brachten ihr alte Fischernetze. Diese flickte Gerda geschickt und bekam dafür etwas Geld.

Doch die Zeit verging und die jüngeren Fischer vergaßen die alte Frau und ließen ihre Netze woanders flicken. So hatte Gerda immer weniger Geld und im Winter blieb ihr Teller oft leer und ihre Stube kalt.

Schließlich stand das Weihnachtsfest vor der Tür. Alle im Dorf machten sich daran, ihre Zimmer zu schmücken, ein Bäumchen aufzustellen und Kerzen anzuzünden. Gerda jedoch wusste, dass sie dieses Jahr kein richtiges Fest haben würde.

Eine Woche vor Heiligabend kam es jedoch ganz anders. Der mächtige Häuptling Okko reiste durch Ostfriesland und machte mit seinem Gefolge in dem kleinen Fischerdorf Halt. Okko war bekannt dafür, dass er einen feinen Gaumen hatte und gerne gut aß. Er hatte auch immer seinen eigenen Koch dabei, der ihn während seiner Reisen verköstigte. Allerdings war dieser eine Nacht zuvor krank geworden und hütete nun das Bett. Der Häuptling hatte daher zwar große Lust auf ein leckeres Mahl, saß jedoch mit knurrendem Magen in seiner Unterkunft. Schließlich kam er auf eine Idee.

„Lasst die Leute aus dem Dorf für mich kochen", wies er sein Gefolge an. „Wer morgen das beste Essen für mich kocht, der soll eine Belohnung erhalten."

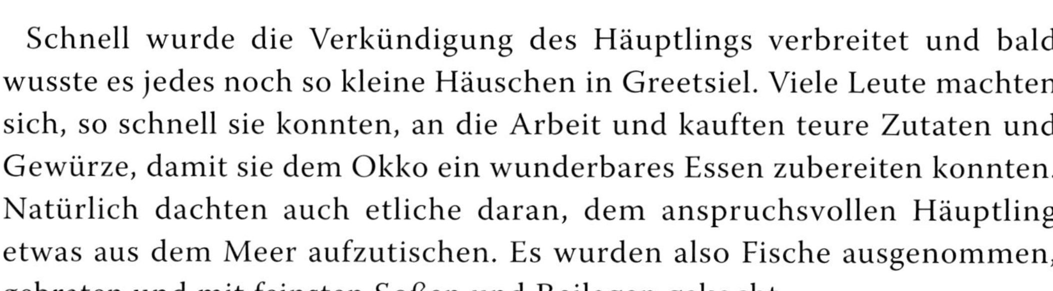

Schnell wurde die Verkündigung des Häuptlings verbreitet und bald wusste es jedes noch so kleine Häuschen in Greetsiel. Viele Leute machten sich, so schnell sie konnten, an die Arbeit und kauften teure Zutaten und Gewürze, damit sie dem Okko ein wunderbares Essen zubereiten konnten. Natürlich dachten auch etliche daran, dem anspruchsvollen Häuptling etwas aus dem Meer aufzutischen. Es wurden also Fische ausgenommen, gebraten und mit feinsten Soßen und Beilagen gekocht.

Auch Gerda hörte von dem besonderen Wunsch des Häuptlings Okko. Doch sie hatte kein Geld, um sich kostbare Zutaten für ein Gericht zu kaufen. Gerade als sie den Gedanken an ein leckeres Gericht für Okko verwerfen wollte, klopfte es an ihre Tür. Gerda öffnete sie und ein von Wind und Wetter gezeichneter Fischer stand vor ihr. Er war einer der wenigen, der seine Netze noch der alten Frau anvertraute.

„Ich habe leider gerade kein Geld, mit dem ich dich für deine Arbeit bezahlen kann", sagte der Fischer zu Gerda. „Aber ich möchte dir einen wunderbaren großen Fisch geben, den ich heute in einem Priel gefangen habe."

Mit diesen Worten überreichte der Fischer der Frau einen prachtvollen Fisch. Es war eine Seezunge, wie sie Gerda noch nie in ihrem langen Leben gesehen hatte.

„Aber der Fisch ist viel mehr wert als meine Arbeit. Das kann ich nicht annehmen", rief sie erstaunt aus.

„Du warst immer hilfsbereit und hast über Jahre meine Netzte geflickt, selbst wenn ich mal kein Geld hatte", sagte daraufhin der Fischer zu ihr. „Daher bitte ich dich, diesen Fisch anzunehmen."

Gerda bedankte sich herzlich bei dem Fischer, den es nach einer Tasse heißen Tee zurück zu seinem Schiff zog. Nun konnte die alte Frau doch noch etwas für Okko kochen.

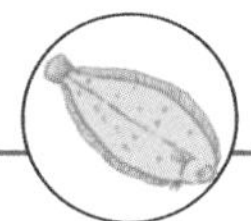

Am nächsten Morgen versammelte sich fast das halbe Dorf auf dem Marktplatz. Jede Frau, jedes Kind und jeder Mann wollte der Verkostung der Gerichte durch den Häuptling beiwohnen. Man hatte viele Tische zu einer großen Tafel zusammengestellt und alle platzierten ihre Gerichte für Okko. Dieser traf alsbald mit seiner Dienerschaft ein und freute sich schon auf das köstliche Essen, das er gleich kosten würde.

„Ich werde jedes Essen von euch probieren und am Ende entscheiden, welches Gericht das schmackhafteste und köstlichste ist", sprach er und machte sich mit Messer und Gabel an die Arbeit.

Es gab eine Vielzahl von Gerichten und Speisen, die es zu testen galt: Hummer in feiner Kräutersoße, Lachs mit Kartoffelpasteten und Krabbensuppe mit Wein. Der Häuptling schwelgte und schmatzte. Schließlich trat er an den Tisch der alten Frau heran.

„Was hast du Feines für mich, altes Mütterlein?", fragte Okko Gerda.

„Einen Fisch mit Salzkartoffeln und etwas Buttersoße", beantwortete sie die Frage. „Das ist alles?", sprach der Häuptling enttäuscht. „Nun gut. Ich habe gesagt, dass ich jedes Gericht probieren werde, und das tue ich auch."

Mit diesen Worten griff Okko zu seiner Gabel und kostete etwas von dem Fisch. Auf dem Dorfplatz wurde es ganz still. Der Häuptling kaute und kaute, schloss dabei die Augen und schluckte schließlich hinunter.

„Das ist köstlich. So einen guten Fisch habe ich noch nie gegessen. Und er ist perfekt zubereitet worden", lobte der verzückte Häuptling die alte Frau.

Die anderen Bewerberinnen und Bewerber konnten es nicht fassen. Sie hatten so teure Zutaten gekauft und aufwendigste Gerichte zubereitet, doch die alte Frau hatte mit ihrem Fisch und einigen Salzkartoffeln den Gaumen des Häuptlings überzeugt.

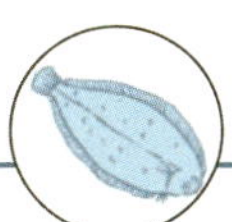

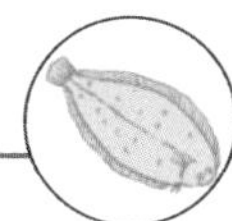

„Gute Frau“, sprach Okko. „Ich möchte dir deine Belohnung geben. Die hast du dir auf jeden Fall verdient.“

Der Häuptling überreichte der alten Frau daraufhin ein Säckchen voll Geld.

„Neben deiner Belohnung möchte ich dich außerdem bitten, meine Köchin zu werden. Komm mit mir und verwöhne mich mit deinen Kochkünsten!“

Gerda war unendlich glücklich und konnte es kaum fassen, dass Okko sie als Köchin einstellen wollte. Dennoch lehnte sie das überwältigende Angebot ab.

„Ich danke dir, großer Okko“, sprach sie. „Aber ich gehöre hierher in mein Dorf und in mein kleines Häuschen am Deich. Ich möchte jeden Tag die Seeluft riechen und ein paar Fischernetze flicken. Das ist mein Leben und es erfüllt mich.“

Der Häuptling war tief beeindruckt von den Worten der alten Frau. So übergab er ihr den Sack voll Geld und versprach, sie bei seiner nächsten Reise in ihrem kleinen Häuschen zu besuchen.

Gerda hingegen lud alle ihre Freunde aus dem Dorf ein und gemeinsam feierten sie ein wundervolles Weihnachtsfest. Von diesem Tage an konnte die alte Frau ihr ganzes Leben von dem Geld des Häuptlings zu Heiligabend ein Fest geben. Okko wiederum besuchte sie jedes Jahr, um bei ihr einen Fisch mit Salzkartoffeln und Buttersoße zu essen.

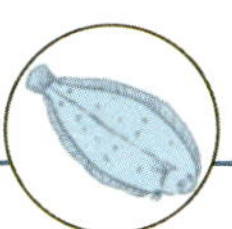

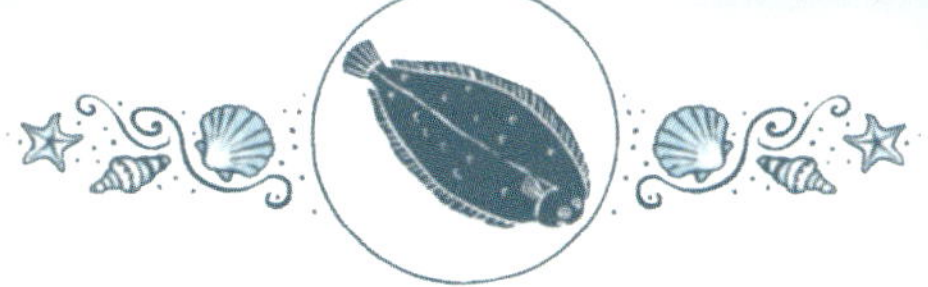

Das Fischerdörfchen Greetsiel ist aufgrund seiner malerischen Kulisse bei vielen Urlauberinnen und Urlaubern bekannt. Der Hafen mit seinen Fischkuttern und den wunderschönen Häusern ist schon oft als Drehort oder Schauplatz für viele Geschichten und Verfilmungen genutzt worden. So ist es keinesfalls verwunderlich, dass in vielen Kriminalromanen oder Liebesgeschichten ausgerechnet Greetsiel eine bedeutende Rolle spielt.

Wer den wunderschönen Ort besucht, sollte daher auf jeden Fall an der kleinen Hafenpromenade spazieren gehen und sich von den vielen Schiffen und umherfliegenden Möwen verzaubern lassen.

Wer anschließend noch Lust auf einen Museumsbesuch hat, sollte unbedingt in das Nationalpark-Haus gehen. Hier werden für Groß und Klein Themen wie die Fischerei, das Wattenmeer und der Naturschutz aufgegriffen.

Ort: Nationalpark-Haus, Zur Hauener Hooge 11,
26736 Krummhörn-Greetsiel
https://www.nationalparkhaus-wattenmeer.de/nationalpark-haus-greetsiel

Die Meerjungfrau von Hooksiel

Das Fischerdorf Hooksiel liegt am Ufer des Jadebusens, einer großen Meeresbucht, die einst eine Sturmflut geschaffen hat. Von jeher arbeiteten hier viele Fischer und ernährten so ihre Familien. Sie fingen allerhand Meerestiere wie Krabben, Seezungen und Schollen, um sie dann an verschiedene Händler zu verkaufen. Die Arbeit war hart und der Fisch musste mit viel Ausdauer und Schweiß gefangen werden. Dennoch war es ein gutes Leben. Viele Fischer genossen es, mit ihren Kuttern hinaus aufs tiefblaue Meer zu fahren, den salzigen Wind in der Lunge und das kräftige Rauschen der Wellen in den Ohren.

Unter den unzähligen Fischern in Hooksiel gab es einen, der besonders hervorstach. Er war der Kräftigste unter ihnen und landete stets den größten Fang an. So war es nicht weiter verwunderlich, dass dieser Fischer auch „Reicher Heiko" genannt wurde. Denn Heiko und seine Frau waren zu einem gewissen Wohlstand gekommen und lebten in einem prächtigen Haus unmittelbar am Marktplatz.

Eines Tages fuhr Heiko wieder einmal hinaus aufs Meer, um Fische zu fangen, als er plötzlich eine schillernde Flosse im Wasser erblickte.

„Was war denn das?", fragte er sich und kratzte sich an seinem wettergegerbten Kinn. Schnell nahm er ein Netz und legte es aus. Tatsächlich hatte er Glück, denn das Tier hatte sich sogleich darin verfangen. Mit seiner ganzen Kraft zog Heiko das Netz zu sich auf das Schiff. Als er es keuchend losließ und vor lauter Erschöpfung auf die Knie sank, sah er zum ersten Mal seine Beute: Im Netz wand sich eine wunderschöne Meerjungfrau. Ihr blondes nasses Haar schimmerte wie flüssiges Gold und fiel ihre schlanken Schultern herab. Ihr Unterkörper bestand aus einem langen Fischschwanz. Dieser bestand aus vielen kleinen Schuppen, eine schöner anzusehen als die

andere. Sie schienen in allen Farben des Regenbogens zu glänzen. Der Schwanz der Meerjungfrau peitschte hin und her. Heiko konnte den Blick nicht von diesem wundersamen Geschöpf abwenden. Die Meerjungfrau sah ihn voller Zorn mit seegrasgrünen Augen an.

„Lass mich wieder frei, Fischersmann!“, sagte sie mit einer Stimme wie klirrendes Glas. „Lass mich frei oder dir wird großes Unglück widerfahren!“ Ihr Fischschwanz klatschte dabei kräftig auf die Planken des Kutters, sodass das gesamte Schiff zu beben schien.

„Das werde ich nicht tun!“, antwortete der erfahrene Fischer schließlich. Denn Heiko war nicht nur ein reicher Mann, er wollte seinen Reichtum auch stetig vermehren. So wuchs in ihm der Gedanke, die prächtige Meerjungfrau an den Meistbietenden auf dem Marktplatz zu verkaufen. „Ich nehme dich mit und du wirst mich zu einem König machen“, lachte er und sammelte seine verbliebene Kraft, um die Meerjungfrau in den Bauch des Schiffes zu bringen.

Als Heiko sich auf den Rückweg nach Hooksiel machte, tanzten seine Gedanken hin und her. Wie viel Geld würde er wohl für dieses Fabelwesen bekommen? Was würde er sich alles kaufen können? Gut gelaunt fuhr er mit seinem Kutter in den Hafen ein und prahlte vor den anderen Fischern, was er für einen unglaublichen Fang gemacht hatte.

„Du bist doch ein alter Lügner, Heiko“, lachten die meisten ihn aus.

„Du hast wohl zu viel Salzwasser verschluckt“, scherzten die anderen.

Doch unter ihnen war auch ein Fischer, der nicht lachte. Es war ein schweigsamer junger Mann, der immer hart arbeitete, aber noch nicht viel erwirtschaftet hatte. Sein Name war Jan. Als Heiko von der Meerjungfrau sprach und von seinem baldigen Vermögen, hatte er aufmerksam zugehört. Er glaubte den Worten des Fischers und sah die Gier in dessen dunklen Augen aufflammen. Heiko wollte die Meerjungfrau am darauffolgenden

Morgen zum Markt bringen und sie dort zum Verkauf darbieten. Bis dahin sollte sie unter Deck in einem Wasserzuber auf dem Kutter bleiben.

Als die Nacht über Hooksiel hereinbrach und sich das Dorf schlafen legte, machte sich Jan auf, die Meerjungfrau auf Heikos Schiff zu befreien. Er war der Meinung, dass ein so wunderbares Geschöpf nicht in Gefangenschaft leben sollte. Doch er musste Vorsicht walten lassen. Heiko wollte in dieser Nacht auf seinem Kutter schlafen, um seine kostbare Beute zu bewachen. Jan jedoch hatte einen Plan gefasst und war vorbereitet.

Noch am Abend hatte er Heiko eine Flasche Rotwein und einen deftigen Eintopf vorbeigebracht. Heiko war dafür bekannt, dass er gerne aß und trank. Und so kam es auch an diesem Abend. Der Fischer leerte die Flasche innerhalb weniger Minuten und verspeiste voller Genuss den ganzen Eintopf. Anschließend überkam Heiko eine überwältigende Müdigkeit. Der aufregende Tag und das ausgiebige Mahl zeigten Wirkung und er schlief alsbald ein.

Um Mitternacht schlich sich Jan auf leisen Sohlen auf Heikos Schiff. Obgleich er sich alle Mühe gab, knarrte der alte Kutter hin und wieder und ächzte unter den vorsichtigen Schritten des mutigen Fischers. Unter Deck angekommen, erblickte Jan den schlafenden Heiko. Er lag direkt vor dem Lager, wo die Meerjungfrau untergebracht war. Vorsichtig und so leise, wie es ihm nur möglich war, stieg Jan über den Schlafenden hinweg. Dabei rann ihm vor lauter Anspannung eine Schweißperle die Stirn hinab. Fast wäre sie auf Heikos Wange gefallen, doch stattdessen fiel sie auf die Dielenbretter. Innerlich aufatmend, konnte Jan nun die Tür langsam öffnen. Als er eintrat, sah der junge Mann einen kleinen Zuber, indem die Meerjungfrau lag. Die wunderschöne Gestalt sah ihn an und lächelte.

„Du bist nicht ohne Grund hier", sagte sie.
„Das stimmt", antwortete Jan und trat langsam näher. „Ich bin gekommen, um dich zu befreien. Du gehörst zurück ins Meer."
Die Meerjungfrau richtete sich so gut es ging in dem kleinen Becken auf. „Ich heiße Ella", sagte sie und zog eine lange Haarsträhne aus ihrem Gesicht.

„Ich bin Jan. Und nun auf, wir haben nicht viel Zeit.“ Mit diesen Worten hob Jan die Meerjungfrau aus dem Becken. Sie hielt sich an ihm fest und das Wasser von ihrem nassen Körper tropfte auf den Boden. Langsam setzte der junge Mann nun einen Schritt vor den anderen. Schnell wurde ihm die Meerjungfrau in den Armen schwer. Doch er zitterte nicht, sondern atmete ganz ruhig, als er mit letzter Kraft über den immer noch schlafenden Heiko stieg.

Als Ella und Jan das Deck erreicht hatten, ging Jan sofort zur Reling. Ella sprang von seinen Armen direkt ins Wasser und tauchte nahezu lautlos unter.

„Nun ist sie fort“, dachte der Fischer und schickte sich an, das Schiff so schnell wie möglich zu verlassen. Doch plötzlich vernahm er die Stimme der Meerjungfrau, die noch einmal aufgetaucht war.

„Ich danke dir für deine Hilfe junger Fischersmann“, sagte sie. „Ich werde dir das nie vergessen, sei dessen gewiss.“ Dann tauchte sie in die Tiefen des Meeres und ward nicht mehr gesehen.

Am nächsten Morgen erwachte Heiko schlaftrunken und fand seinen Zuber leer vor. Wutentbrannt ging er auf den Markt und verdächtigte jeden einzelnen Fischer, seine Meerjungfrau gestohlen zu haben. Jan schwieg und fuhr mit seinem Kutter hinaus aufs offene Meer. Als er wenig später sein Netz einholte, fand er darin keine Fische, sondern eine kleine goldene Statue in Form einer Meerjungfrau. Jetzt wusste er, dass die Worte von Ella wahr gewesen waren. Heiko jedoch fing von diesem Tage an keinen einzigen Fisch mehr.

Hooksiel bei Wilhelmshaven ist ein Fischerdorf mit vielen Sehenswürdigkeiten. Allen voran der Hafen, der bis heute eine bedeutsame Rolle spielt. In Wilhelmshaven befindet sich der Tiefwasserhafen mit der größten Wassertiefe Deutschlands. Das Küstenmuseum wiederum bietet eine faszinierende Ausstellung rund um die Entstehung der Küste, Piraten und Schiffbau.

Was die Meerjungfrauen betrifft, so sind die Märchen, Sagen und Geschichten über diese Fabelwesen bereits Jahrtausende alt. Viele Seefahrende hielten auch Seekühe einst für Meerjungfrauen. So berichtete schon Christoph Kolumbus von seiner Sichtung von drei Meerjungfrauen, die er am Bug seines Schiffes gesehen haben will. Die Legenden über die Fischmenschen wurden oft genutzt, um Geld zu machen. Es wurden dafür „Fälschungen“ aus Fischschwänzen und Affenskeletten gefertigt. Diese wurden dann ausgestellt oder für viel Geld verkauft.

Ort: Küstenmuseum, Weserstraße 58, 26382 Wilhelmshaven

Die drei Kreuzottern

Es waren einmal drei Brüder, die im Moor wohnten. Sie hatten von ihren Eltern, die schon lange nicht mehr lebten, ein großes Stück Moor geerbt. Dort sollten sie Buchweizen anbauen, was keine leichte Aufgabe war. Denn das Moor musste erst urbar gemacht werden. Tiefe Gräben mussten ausgehoben werden, um es zu entwässern. Die Arbeit war mühsam und zehrte an den Kräften der drei Brüder. Immer wieder mussten sie an ihre Eltern denken, die den Kampf mit dem Moor mit ihrem Leben bezahlt hatten.

Doch nicht allein die tägliche Anstrengung war gefährlich, sondern das Moor selbst. Es gab nahezu bodenlose Sumpflöcher und überdies auch noch giftige Schlangen. Jeden Tag fürchteten sie sich aufs Neue davor, gebissen zu werden.

„Passt auf die hohen Gräser auf!", mahnte jeden Morgen der Älteste von ihnen.

„Und vergesst die Pfützen nicht!", ergänzte der Zweitälteste. „Schlagt jede Kreuzotter auf der Stelle tot!"

„Aber wir haben doch noch nie schlechte Erfahrungen mit ihnen gemacht", gab der jüngste Bruder zu bedenken. „Außerdem ist es eigentlich ihr Land."

„Es ist unser Land", entgegnete der älteste Bruder.

„Weil wir es urbar machen", fuhr der zweitälteste Bruder fort. „Schlangen haben dort nichts mehr zu suchen."

Damit war das Gespräch beendet. Der Älteste machte sich bereit für seinen Weg ins Moor. Er schnallte sich seinen Rucksack um und nahm seinen Spaten. Dann verließ er die kleine Moorkate. Seine beiden Brüder wollten folgen, nachdem sie andere Arbeiten erledigt hatten.

Gerade hatte der Älteste seinen geschärften Spaten angesetzt, als es im Bentgras raschelte. Der Mann hob seinen Spaten und suchte nach der Ursache. Zwischen den Halmen zeigte sich der Kopf einer Kreuzotter.

„Töte mich nicht!", zischte die Schlange, „Wenn du mich am Leben lässt, werde ich dir bei deiner Arbeit helfen."

Noch nie hatte der Mann eine sprechende Schlange getroffen, und er brauchte etwas Zeit, um zu antworten: „Du bist gefährlich und kannst mich beißen. Ich muss dich töten!"

„Habe ich kein Recht auf Leben?", fragte die Schlange. „Nein!", antwortete der Mann und schlug zu.

Als es Mittag wurde, hatten die beiden anderen Brüder ihre Arbeiten noch immer nicht erledigt. Sie wunderten sich, dass der Älteste nicht nach Hause kam, um zu Mittag zu essen.

„Vielleicht ist ihm etwas zugestoßen?“, vermutete der Jüngste.
„Ich werde nach ihm sehen“, sagte der Zweitälteste. „Koche du das Essen!“

Der Zweitälteste hatte bald die Stelle erreicht, an der sein Bruder einen Graben vertiefen wollte. Sein Spaten lag auf dem Moorboden. Doch so sehr sich der Zweitälteste auch umsah, von seinem Bruder fehlte jede Spur. Dann raschelte es plötzlich im Bentgras. Zwischen den langen Halmen, aus denen die Menschen Bentbesen banden, reckten sich zwei Schlangenköpfe hervor.

„Töte uns nicht!“, zischte die erste Schlange, „Wenn du uns am Leben lässt, werde ich dir bei deiner Arbeit helfen.“
Auch der Zweitälteste brauchte eine Weile, um durchzuatmen. Denn auch er hatte noch nie eine sprechende Schlange gesehen.

„Du Lügner!“, erwiderte er schließlich. „Ihr wollt mich nur beißen. Das ist alles.“
„Nein, das wollen wir nicht!“, entgegnete die zweite Schlange. „Du kannst mir vertrauen. Ich weiß es. Auch wir haben ein Recht auf Leben.“

„Nichts weißt du, und Rechte hast du keine!“, rief der Zweitälteste. „Dies ist unser Land!“ Und schon hob er den Spaten und schlug zu.

Der jüngste der drei Brüder hatte das Essen längst auf dem Tisch stehen, doch seine beiden Brüder kamen nicht aus dem Moor zurück.

„Es muss ihnen etwas passiert sein“, sagte er und verließ die kleine Moorkate. Er lief ins Moor und sah schon von ferne die Spaten auf dem Boden liegen. Sofort ließ er seinen Blick kreisen, stieß aber auf keine Spur seiner Brüder.

„Wo seid ihr?“, rief er immer wieder, erhielt aber keine Antwort. Als er nach Luft schnappte, hörte er plötzlich ein Geräusch. Irgendetwas bewegte sich im Bentgras vor ihm. Es waren drei Schlangen, die ihre Köpfe erhoben. Der junge Mann trat einen Schritt zurück.

„Töte uns nicht!", zischte die erste Schlange, „Wenn du uns am Leben lässt, werde ich euch bei eurer Arbeit helfen."

„Du willst uns helfen?", staunte der junge Mann. „Wie soll das geschehen?"

„Du wirst es sehen", antwortete die Schlange.

„Was hast du mit meinen Brüdern gemacht?", fragte der Jüngste.

„Ich habe ihnen etwas gezeigt", sagte die Kreuzotter. „Nun wissen sie sehr viel mehr."

„Lass uns leben!", züngelte die zweite Schlange. „Du wirst es nicht bereuen."

„Hilf uns!", bat die dritte Schlange, deren Stimme dem Jüngsten auf sonderbare Weise bekannt vorkam. Auch die Stimme der zweiten Schlange hatte er irgendwo schon einmal gehört.

„Wie kann ich euch helfen?", fragte er mutig.

„Rührt das Land jenseits des Grabens nicht an", antwortete die erste Schlange. „Dann wird euer Land reiche Ernte bringen."

Der jüngste Bruder überlegte und ließ dabei die drei Kreuzottern nicht aus seinem Blick. Schon bald fasste er einen Entschluss.

„Auch wenn meine beiden Brüder dagegen sind, so werde ich deinem Wunsch entsprechen", sagte er. „Aber auch ich habe eine Bedingung."

„Und die wäre?", zischte die Schlange im Bentgras.

„Gib meine beiden Brüder frei!", sagte er mit fester Stimme. „Denn ich weiß, dass du sie in deiner Gewalt hast."

Im selben Augenblick wuchsen die beiden anderen Schlangen zu Riesenschlangen heran, sodass der Jüngste gleich mehrere Schritte zurückwich. Als sie die Größe von Menschen erreicht hatten, häuteten sie sich. Ihre Haut platzte ab und gab seine beiden vermissten Brüder frei.

„Danke", sagten sie. „Du hast uns gerettet."

„Wir wissen jetzt, wie es ist, eine Kreuzotter zu sein", gestand der Älteste.

„Dann haltet ihr euch an mein Versprechen?", fragte der Jüngste.

„Das werden wir", stimmten die beiden Brüder zu, deren Gesichter weiß waren wie eine frisch gekalkte Wand.

Als sie sich umdrehten, war die Kreuzotter im Bentgras verschwunden. Die drei Brüder aber hielten sich an ihr Versprechen und verschonten das Land jenseits des Grabens. Auf ihrem Land jedoch wuchs von nun an der beste Buchweizen, der bei den Menschen heiß begehrt war, weil man aus ihm die leckersten Buchweizenpfannkuchen ganz Ostfrieslands backen konnte. Die drei Brüder brachten es bald zu Wohlstand und forderten überall, die Kreuzottern leben zu lassen.

Die Urgroßeltern von Bernd Flessner waren Moorkolonisten, auf deren Erzählungen und Aufzeichnungen dieses Märchen zurückgeht. Einer ihrer Tagebucheinträge lautet: „Heute 30 Kreuzottern erschlagen." Heute stehen Kreuzottern unter Schutz, ihre Bestände sind in Ostfriesland gefährdet. Jede Sichtung sollte der Ökologischen NABU-Station Ostfriesland (ÖNSOF) gemeldet werden.

Moorhusen entstand ab 1770 in einem bis dahin unbesiedelten Moorgebiet. Nicht weit entfernt ist das Große Meer, wo noch immer Kreuzottern leben.

Ort: Moorhuser Dorfstraße, 26624 Südbrookmerland,
https://www.grossesmeer.de/kultur-region/ortschaft-moorhusen
Großes Meer: Am Gästehafen 1, 26624 Südbrookmerland,
https://www.grossesmeer.de

Der Bökkeerl von Rechtsupweg

In einer Zeit, die lange schon vergessen ist, trieb in Rechtsupweg ein Bökkeerl sein Unwesen. Immer wieder erschreckte er die Dorfbewohner oder spielte ihnen üble Streiche. Einmal, und das war noch einer seiner harmlosesten Späße, plünderte er die Wäsche von sämtlichen Wäscheleinen und hängte sie kreuz und quer im Dorf verteilt wieder auf. Es dauerte Tage, bis jeder seine eigene Wäsche wieder im Schrank liegen hatte.

Als die Dorfbewohner am Heiligen Abend die Türen ihrer Stuben öffneten, um zur Bescherung zu schreiten, da hingen keine roten und silbernen Kugeln mehr an den Bäumen, sondern vertrocknete Kartoffeln. Die bunten Kugeln fanden später die Kinder in den Osternestern wieder, während nun die Ostereier fehlten und nie wieder auftauchten.

Dann wieder, es war im Winter, versuchten Kinder und Erwachsene vergeblich, zu schöfeln. Schnell stellte sich heraus, dass die Kufen sämtlicher Schlittschuhe stumpf waren, so stumpf wie Sandpapier. Reihenweise fielen die Menschen auf die Nase, von denen so manche blutete.

Noch schlimmer waren die Bauern und Fuhrleute dran, denn plötzlich lösten sich während der Fahrt die großen Speichenräder ihrer Wagen von den Achsen. Die Wagenlenker fielen von ihren Böcken, die Pferde gingen durch.

Auch den Pastor traf es, als eines Sonntags der Glockenschwengel nicht mehr in der Glocke hing und diese somit nicht mehr schlagen konnte.

„Was ist geschehen?“, fragten die Menschen.

Der Pastor brauchte nur ein Wort zu sagen, und alle wussten Bescheid: „Bökkeerl!“

„Nichts ist vor ihm sicher!", klagte der Küster.

„So kann es nicht weitergehen!", schimpfte die Marktfrau.

„Das muss ein Ende haben!", forderte die Bäckersfrau.

„Das ist leicht gesagt", meinte der Pastor. „Dieser Kobold ist nämlich mit alles Wassern gewaschen."

„Das ist es!", rief die Marktfrau.

„Was ist was?", wunderte sich der Küster.

„Das Wasser ist es!", lachte die Marktfrau. „Vor ein paar Wochen war doch ein alter Fahrensmann hier bei uns, der alle sieben Weltmeere bereist hat. Dieser Fahrensmann hat nun berichtet, mehr oder weniger nebenbei, dass Kobolde das Wasser fürchten. Vor allem das klare Wasser. Beim Salzwasser sind sie nicht ganz so zimperlich. Aber das klare und reine Wasser aus einem Brunnen ist das pure Gift für sie."

„Dann kommt nur der Dorfbrunnen in Frage", schlug der Pastor vor. „Seine runde Wand besteht aus Torf, um das Grundwasser zu filtern. Es ist also glasklar und rein."

„Das wissen wir", murrte die Bäckersfrau. „Auch wir holen dort unser Wasser. Doch wie sollen wir ihn dorthin locken? Er wird sicher einen großen Bogen um den Brunnen machen."

„Das wird er", stimmte der Küster zu. „Ohne jede Frage, er wird den Brunnen meiden."

Lange dachten die Menschen vor der Kirche darüber nach, wie sie den Bökkeerl zum Brunnen locken könnten. Doch niemand hatte eine Idee. Sie wussten ja gerade mal soeben, wie er überhaupt aussah. Der Bökkeerl war

nicht größer als ein Affe, besaß ein zotteliges Fell und grinste unentwegt. Seine Ohren waren lang und spitz, seine Augen groß wie Teetassen. War ihm ein Streich geglückt, stieß er ein ebenso wildes wie heiseres und böses Lachen aus.

„Wieder fällt mir der alte Fahrensmann ein", unterbrach die Marktfrau das Schweigen. „Er hat doch von den vielen weisen Sprüchen erzählt, die er in den zahllosen Häfen rund um die Welt gelernt hat."

„Ja, das stimmt", nickte der Tischler. „Ich kann mich erinnern."

„Eine dieser Weisheiten kommt mir da gerade in den Sinn", fuhr die Marktfrau fort. „Sie lautet: ‚Wenn du willst, dass jemand in den Abgrund fällt, stelle auf dem Weg dorthin ein Schild auf, das folgende Aufschrift trägt: Nicht nach oben sehen!'"

„Ich verstehe", lächelte der Pastor. „Wir locken den Bökkeerl zum Brunnen, indem wir ihn von ihm fernhalten."

„So machen wir es", stimmte der Tischler zu. „Wir werden das Pütthus verschließen und es rund um die Uhr bewachen. Der Bökkeerl kann verschlossenen Türen und Verboten nicht widerstehen. Immer will er wissen, was die Menschen vor ihm verbergen."

Und so verschlossen die Menschen das Pütthus und stellten rund um die Uhr Wachen auf. Mit Dreschflegeln und Mistgabeln bewaffnet, marschierten sie vor dem Dorfbrunnen auf und ab. Kurz nach Mitternacht waren plötzlich seltsame Geräusche zu hören. Ein Schatten, schwärzer als die dunkelste Nacht, huschte um die Häuser.

„Er ist da", flüsterte der Pastor. „Aufgepasst!"

Die Wachen rückten dichter zusammen und ließen nur noch kleine Lücken zwischen sich, die niemand passieren konnte. Bis zum Morgengrauen

marschierten sie tapfer immer um den Brunnen herum, als sei er bis zum Rand mit Gold gefüllt. Niemand kümmerte sich um den Schatten, der kaum noch versuchte, sich vor den Blicken der Menschen zu verbergen. Hier und da sah man die spitzen Ohren und ab und zu war ein sonderbares Winseln zu vernehmen.

Als die Kirchturmuhr siebenmal schlug, verließ der Küster die Wachmannschaft. Wenig später verabschiedete sich auch der Tischler. Bald waren nur noch die Marktfrau und die Bäckersfrau übrig, die Reisigbesen als Waffen trugen.

Die Minuten vergingen, doch nichts passierte.

„Es klappt nicht“, hauchte die Bäckersfrau.

In diesem Augenblick schoss der Bökkeerl gleich einer Kanonenkugel aus seinem Versteck und landete mit einem lauten Knall mitten im Pütthus, das sofort in tausend Stücke zerbarst. Der Bökkeerl stürzte sich in den Brunnen, aus dem gleich darauf ein markerschütternder Schrei drang. Wie die Fontäne einer heißen Quelle flog der Bökkeerl in die Luft, höher und höher und ward nie mehr in Rechtsupweg gesehen.

Bökkeerl ist ein alter ostfriesischer Name für einen Kobold oder Poltergeist, der Unruhe stiftet. Ein Brunnen in der Geest war früher oft mit einer Wand aus Torfstücken versehen. Zum Schutz des Brunnens diente ein verschließbares Brunnenhäuschen, Pütthus genannt.

Ursprünglich war der Ort ein großes Moorgebiet, in dem 1769 der erste Moorkolonist seine Hütte errichtet hat. Nach und nach folgten weitere Kolonisten, bis ein kleines Dorf entstanden war. Da ein Weg von Osterupgant ins Moor führte, wurde der Name dieses Wegs zum Ortsnamen: Rechtsupweg.

Die Mühle wurde als einstöckiger Galerieholländer 1926 errichtet und war bis 1989 in Betrieb. Sehenswert ist auch Birgits Tiergarten, ein kleiner, privater Zoo mit 50 Gehegen und 400 Tieren, von denen viele frei herumlaufen, darunter Lamas und Kängurus. Ein weiteres Ziel ist das Moormuseum in Moordorf. Dort erfährt man nicht nur viel über das Moor und dessen Besiedlung, sondern kann sich auch ein Pütthus ansehen.

Ort: Birgits Tiergarten: Tannenstraße 18, 26529 Rechtsupweg, https://www.birgits-tiergarten.de/
Ort: Moormuseum: Victorburer Moor 7a, 26624 Südbrookmerland, https://www.moormuseum-moordorf.de/

Der verzauberte Kluntje

In der schönen Stadt Norden lebte einst ein angesehener Teehändler. Er machte weit und breit die beste Ostfriesenteemischung, die man sich vorstellen konnte, und sein Name war in ganz Ostfriesland bekannt. Dieser Teehändler lebte ein zufriedenes und erfülltes Leben. Seine Stammkunden besuchten ihn oft auf eine Tasse Tee und er selbst genoss sein kleines Häuschen in der Innenstadt sehr. Aber das Leben hatte noch andere Pläne mit ihm vor und so sollte der bescheidene Teehändler ein großes Abenteuer erleben.

So kam es, dass der mächtige Häuptling Enno beschloss, die Steuern für die Stadt Norden beträchtlich zu erhöhen. Jeder Mann und jede Frau waren davon betroffen. Darunter litt die Stadt sehr und die Menschen wussten nicht, wie sie die hohen Steuern bezahlen sollten. Selbst der Teehändler musste nun sparen, um über die Runden zu kommen. Denn der Häuptling Enno war dem Geld verfallen und er konnte nie genug davon bekommen.

Das Einzige, was er noch mehr schätzte als seinen Reichtum, war eine gute Tasse Tee. Der Häuptling liebte es, am Nachmittag bei einem Stück Kuchen seinen Ostfriesentee zu trinken. Natürlich mit Sahne und einem großen Kandiszucker, auf Plattdeutsch „Kluntje“ genannt.

Daher wollte Enno unbedingt den allseits bekannten Teehändler in Norden besuchen, um sich von ihm höchstpersönlich den Tee servieren zu lassen.

Der Teehändler wiederum wusste, dass Enno ihm am nächsten Tag im Geschäft seine Aufwartung machen würde. Was konnte er tun, um den Häuptling davon zu überzeugen, die Steuern wieder zu senken? Lange würden das die Bürgerinnen und Bürger der Stadt nicht durchhalten können.

Doch dem Teehändler fiel beim besten Willen nichts ein. Müde und enttäuscht ging er zu Bett. Mitten in der Nacht schrak er jedoch hoch. Er hatte plötzlich eine Idee!

Schnell sprang der Teehändler in seine Pantoffeln und zog sich seinen Morgenmantel an. Was er suchte, befand sich unter den Dielenbrettern seiner Stube. Er eilte also eben dorthin und ging auf die Knie. Mühsam und mit einem Ächzen hob der Teehändler die alten Bretter an. Und da sah er es: Ein kleines verstaubtes Kästchen mit goldenen Verzierungen. Der Teehändler nahm es vorsichtig in beide Hände und öffnete es. Seine müden Augen erblickten daraufhin einen einzigen Kluntje, ein großes Stück Kandiszucker. Er war leuchtend weiß und funkelte wie ein Diamant. Einst hatte der Teehändler als junger Mann einer Hexe das Leben gerettet. Zum Dank für seine Hilfe hatte sie ihm daraufhin einen verzauberten Kluntje geschenkt.

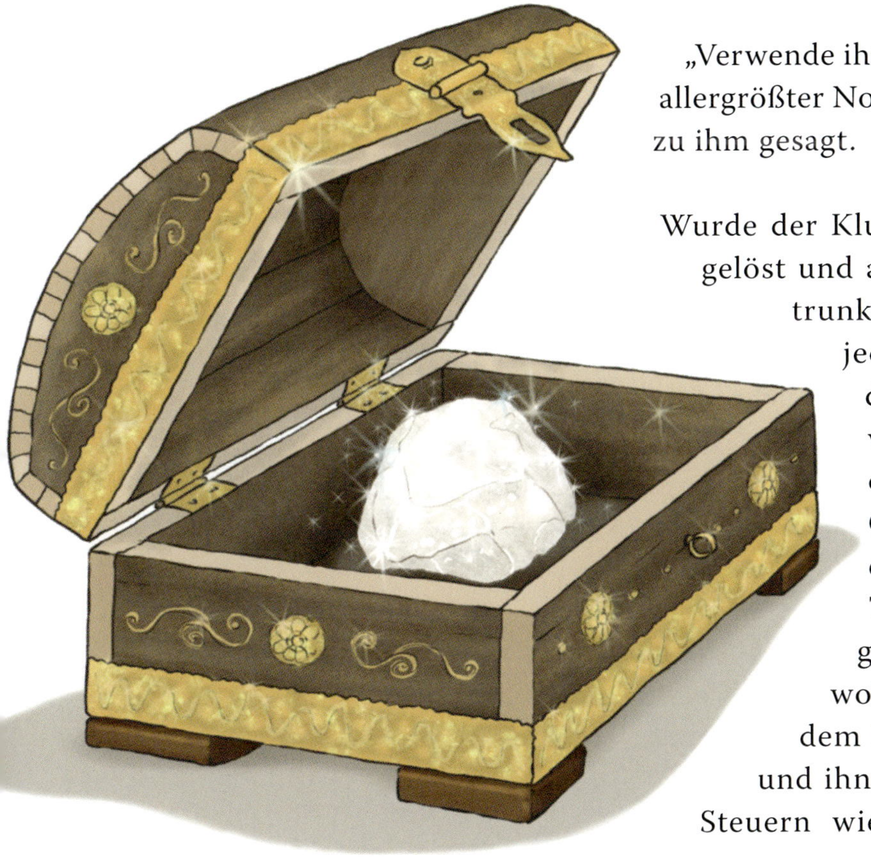

„Verwende ihn klug und nur in allergrößter Not", hatte die Hexe zu ihm gesagt.

Wurde der Kluntje in Tee aufgelöst und anschließend getrunken, konnte man jeden Menschen, der davon trank, von allem Möglichen überzeugen. Genau das war es, was sich der Teehändler ausgedacht hatte. Er wollte den Kluntje dem Häuptling geben und ihn überzeugen, die Steuern wieder zu senken.

Ob sein Plan funktionieren würde, das wusste er nicht. Aber er hatte immerhin eine Idee. Etwas beruhigter ging er in sein warmes Bett zurück und schlief auf der Stelle ein. Er träumte von großen Teekannen und einem Berg von Kandiszucker.

Am darauffolgenden Morgen bereitete sich der Teehändler auf die Ankunft des Häuptlings Enno vor. Er deckte den Tisch in seinem Verkostungszimmer und holte zur Feier des Tages seine kostbarsten Teetassen hervor. Er goss die Sahne in ein kleines Kännchen, zündete eine Kerze für das Stövchen an und setzte heißes Wasser für den Tee auf.

Pünktlich um elf Uhr vormittags, erschien Enno mit seinen beiden Leibwächtern vor dem Geschäft des Teehändlers. Der Häuptling war ein gutaussehender Mann, der sehr viel Wert auf kostbare Kleidung legte. Außerdem trug er viele goldene Ringe an den Fingern und eine dicke Kette mit einer großen Münze um den Hals. Auch der Teehändler hatte sich für seinen Besuch zurechtgemacht. Er trug seinen besten Anzug und dazu eine rubinrote Krawatte.

„Seid herzlich willkommen, edler und mächtiger Enno“, begrüßte der Teehändler den Häuptling.

Dieser liebte Schmeicheleien fast so sehr wie das Geld, das er den Leuten wegnahm.

„Habt Dank, Teehändler“, sagte Enno. „Ganz Ostfriesland schätzt Eure Teekunst und so ist es selbstverständlich, dass ich als größter Teeliebhaber einen von Euch gemischten und zubereiteten Tee trinken werde.“

Der Teehändler nickte ergeben.

„Wie Ihr wünscht. So tretet ein in mein bescheidenes Geschäft und lasst uns den Tee genießen!“

Mit diesen Worten geleitete der Teehändler Enno in seinen Verkostungsraum. Der Häuptling ließ seine Leibwächter vor dem Geschäft warten, was den Teehändler erleichterte. So waren sie ungestört und er konnte ohne weitere Zeugen den verzauberten Kluntje verwenden. Der Häuptling nahm sogleich auf einem der beiden Stühle Platz.

„Ihr dürft mir gerne Gesellschaft leisten", sagte Enno und wies mit seiner Hand auf den anderen Stuhl.

„Welch eine Ehre", verneigte sich der Teehändler. „Dann werde ich nur rasch den Tee zubereiten und mich dann an Eure Seite begeben."

Mit ebenso geschickten wie geübten Handgriffen setzte der Teehändler seine beste Ostfriesenteemischung auf. Er nahm daraufhin die Kanne mit dem frischaufgebrühten Tee und platzierte sie auf das Stövchen in der Mitte des Tisches. Am Tag zuvor hatte der Teehändler außerdem Teekuchen von der besten Bäckersfrau in ganz Norden bestellt. Sogleich stellte er noch eine Zuckerdose mit dem verzauberten Kluntje auf den Tisch.

„Ich bin äußerst gespannt auf Eure Teemischung", sprach der Häuptling.

Er hatte bereits ein Stück Kuchen auf seinem Teller, doch seine Augen fixierten mit Neugier die Teekanne.

„Dann werde ich Euch nun den Tee einschenken", lächelte der Teehändler nervös.

Hoffentlich würde sein Plan aufgehen und der Zauber des Kluntjes wirken, wie ihm einst die Hexe versprochen hatte.

„Wie trinkt Ihr Euren Tee?", fragte der Teehändler den Häuptling.

Obwohl er wusste, dass Enno gerne Sahne und Kluntje in seinem Tee hatte, war es eine Sache der Höflichkeit zu fragen.

„Einen ordentlichen Schuss Sahne und den größten Kluntje, den Ihr bieten könnt“, lachte Enno und wirkte zum ersten Mal seit seinem Besuch gut gelaunt.

Der Teehändler war erleichtert. Darauf hatte er gehofft. Er goss zuerst den Tee, dann die Sahne ein. Nun folgte zum Abschluss der Kluntje. Er hatte den verzauberten Kandiszucker ganz nach oben auf den anderen Kluntje platziert. Als er die Kandisdose öffnete, glitzerte es. Mit zittrigen Händen ergriff der Teehändler den großen Kluntje und gab ihn in die Teetasse. Geschafft! Voller Begeisterung griff der Häuptling nach seiner fertigen Tasse und nahm umgehend den ersten Schluck heißen Tees.

„Ahhh“, seufzte Enno zufrieden. „Ihr habt nicht zu viel versprochen. Bei allen Fischkuttern, das ist ein Tee nach meinem Geschmack!“

Doch der Teehändler kümmerte sich nicht um das Lob des Häuptlings. Ihn interessierte vielmehr die Wirkung des verzauberten Kluntjes. Mit einem Mal schmunzelte Enno und schloss die Augen. Er ließ die Teetasse sinken und fing sanft an zu schlafen.

„Was soll ich jetzt machen?“, fragte sich der Teehändler überrascht.

Nach einiger Überlegung beschloss er, dem Häuptling einen Befehl zu erteilen: „Häuptling Enno. Ihr werdet Eure hohen Steuern wieder senken und keinen einzigen Steuereintreiber mehr losschicken. Stattdessen werdet Ihr Brot und Kuchen für die Armen verteilen und Euer Geld denjenigen geben, die es am nötigsten haben. Wenn Ihr wieder aus Eurem Schlaf erwacht, habt Ihr vergessen, dass ich es war, der Euch dies auftrug!“

Kaum hatte der Teehändler seinen Satz beendet, öffnete der Häuptling die Augen und sah sich schlaftrunken um.

„Wie spät ist es? Ich habe wohl die Zeit vergessen. Habt Dank für den Tee, er war außergewöhnlich gut“, sprach Enno und erhob sich aus seinem Stuhl.

Er verabschiedete sich höflichst bei dem Teehändler und zog mit seinen beiden Leibwächtern von dannen. Der Teehändler blieb allein in seinem Geschäft zurück und hoffte inständig, dass die Magie des Kluntjes seine Wirkung tun würde. Doch er musste nicht lange warten. Enno ließ noch am selben Tage verlauten, dass er die hohen Steuern nicht weiter erheben würde. Stattdessen verteilte er Essen und spendete sein Geld an die Armen und Kranken. Der verzauberte Kluntje der Hexe hatte gewirkt.

Von nun an lebten die Einwohnerinnen und Einwohner der Stadt Norden zufrieden und glücklich und mussten nie wieder hohe Steuern fürchten. Der Teehändler hingegen dachte noch lange und voller Dankbarkeit an die Hexe und ihren verzauberten Kluntje.

Die Teekultur Ostfrieslands hat eine lange Geschichte und Tradition. Nach wie vor gehören die Ostfriesen zu den Menschen, die in Deutschland am meisten Tee trinken.

Neben Sahne und Kluntje gehört zu der beliebten Schwarztee-mischung (Ostfriesentee besteht aus verschiedenen Teesorten) auch häufig der sogenannte Teekuchen. Dieser buttrige Blechkuchen wird zu freudigen wie traurigen Anlässen gerne in der Region gegessen. Daher wird er auch liebevoll Freud- und Leidkuchen genannt.

Auch in der Stadt Norden nimmt der Tee eine besondere Rolle ein. Aus diesem Grund findet man hier auch das Ostfriesische Teemuseum, welches über Geschichte und Kultur rund um das beliebte Heißgetränk berichtet.

Ort: Ostfriesisches Teemuseum, Am Markt 36, Norden
www.teemuseum.de

Wie die Wittdün entstanden ist

Vor langer Zeit, als die Ostfriesischen Inseln noch jung und unberührt waren, gab es auf der Insel Spiekeroog Sand wie Sand am Meer. Und genau dort lag er auch, nämlich am Strand, wo das Meer bei jeder Flut für Nachschub sorgte. Der Wind, der niemals wirklich ruhte, trocknete den Sand und trieb ihn dann vor sich her. Im Nordosten der Insel lud der Wind den Sand wieder ab und häufte nach und nach eine kleine Düne auf.

Im Herbst wurde der Wind kräftiger und erweckte diese kleine Düne als Wanderdüne zum Leben. Nun war sie nicht mehr an einen Ort gebunden, sondern setzte sich in Bewegung, um die Insel zu erkunden.

Sprechen konnte sie zunächst nicht, denn sie hatte anfangs den ganzen Mund voller Sand. Erst nach einer kräftigen Bö aus nördlicher Richtung, die ihr unvermittelt durch den Mund fuhr, konnte sie die ersten Laute von sich geben.

„Was für eine schöne Insel", stellte die kleine Wanderdüne fest, hustete ein paar Mal und sagte erfreut: „Und sie gehört mir ganz allein."

Als der Wind auffrischte, begann die kleine Wanderdüne das zu tun, wofür sie vom Wind geschaffen worden war: Sie wanderte.

Zunächst ging es natürlich nach Westen, und das mit atemberaubender Geschwindigkeit. Schon nach wenigen Jahren hatte sie die Mitte der Insel erreicht. Glücklich erhob sie ihren Dünenkamm und blickte neugierig nach Westen. Dort erstreckte sich die Kimmlinie, von Landratten auch Horizont genannt. Aber sie war nicht durchgängig. Mittendrin wurde sie durch eine kleine Erhebung unterbrochen.

„Was ist das?“, murrte die Wanderdüne und rieb sich den Sand aus den Augen. Nachdem sie auch ihre Ohren freigelegt hatte, vernahm sie ein ebenso fernes wie lautes Brummen, Klagen und Stöhnen.

„Nicht zu glauben!“, stöhnte sie ihrerseits. „Eine Wanderdüne! Auf meiner Insel!“

Die kleine Wanderdüne wollte umgehend auf die unbekannte Düne loswandern, doch der Wind war zu schwach.

„Ich erwisch dich noch!“, schimpfte sie und rieb sich erneut die Augen.

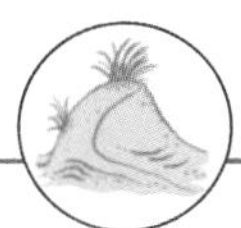

Erst als der Wind erneut auffrischte, setzte sie sich langsam in Bewegung. Es dauerte zwei Monate, bis sie so richtig Fahrt aufgenommen hatte. Doch wo war die andere Düne abgeblieben? So sehr die kleine Wanderdüne auch die Kimmlinie absuchte, die zweite Düne blieb unauffindbar.

Angestrengt dachte die Wanderdüne nach. Sandfalten bildeten sich auf ihrer Stirn. Schon nach wenigen Wochen kam ihr eine geniale Idee. In Windeseile drehte sie sich um und richtete ihren Blick in östliche Richtung.

„So ein mieser Sandfloh!", ärgerte sie sich. „Während ich mir den Sand aus den Augen gerieben habe, ist sie blitzschnell davongewandert. Aber ich erwische sie trotzdem. So schnell wie die bin ich schon lange!"

Inzwischen hatte sich allerdings der Wind gedreht und verwehrte so der Wanderdüne die Verfolgung. Stattdessen blickte sie bald wieder nach Westen. Dort aber saß die andere Düne wie ein großer Sandkuchen und störte erneut die Kimmlinie.

„Das kann nicht sein!", wunderte sich die Wanderdüne. „So schnell kann sie nicht von Westen nach Osten und wieder zurückgewandert sein."

Mit aller Kraft gelang es ihr, den Dünenkamm ein wenig zu drehen. Und tatsächlich, auch am anderen Ende der Insel erhob sich eine Düne. Sie war gar nicht weit entfernt und schien breit zu grinsen. Außerdem brummte und donnerte sie, wie es sich für eine richtige Düne gehörte.

„So etwas sollte man zu Sandpapier verarbeiten!", rief die Wanderdüne.

In diesem Augenblick drehte sich der Wind ein weiteres Mal und nahm zu. Im Herbst erreichte er sogar Orkanstärke. Die kleine Wanderdüne konnte endlich wieder richtig wandern.

Mit jedem Schritt rieselte mehr Sand vom Dünenkamm herunter, der vom Wind sofort wieder ersetzt wurde. Eine wilde Verfolgungsjagd begann.

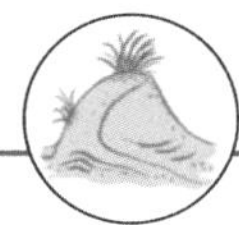

Schon nach zwei Jahren hatte die kleine Wanderdüne die westliche Düne fast erreicht. Da vernahm sie plötzlich, mitten im Mai oder Oktober, ein weiteres Brummen, und zwar hinter ihrem breiten und sandigen Rücken. Sofort drehte und reckte sie ihren Dünenkamm, sah über ihre Schulter und zuckte zusammen, was naturgemäß ein paar Wochen dauerte.

„Beim schlappen Südwind!", erschrak sie. „Ich werde von der anderen Düne verfolgt!"

„Das ist meine Insel, du versalzene Sandbank!", rief die Düne aus dem Osten.

„Von wegen! Diese Insel gehört alleine mir, ihr vom Winde verwehten Körnerhaufen!", erwiderte die Düne aus dem Westen.

„Aber ich war die erste Düne!", entgegnete die kleine Wanderdüne. „Mich hat der Wind zuerst erschaffen!"

Und so stritten sich die drei Dünen, ohne die drohende Gefahr zu erkennen. Sie vergaßen ihre rasende Geschwindigkeit und bemerkten den Wind nicht, der ständig seine Richtung änderte und sich in einen ausgewachsenen Herbststurm verwandelte.

Als die kleine Wanderdüne endlich merkte, wie sehr der Sturm an ihrem Dünenkamm zerrte, war es bereits zu spät. Sie bremste noch mit ihrer ganzen Kraft, aber sie hätte einige Wochen früher damit anfangen müssen. Das traf auch auf die anderen Dünen zu, die mit Höchstgeschwindigkeit über die Insel fegten.

Sie brummten, sangen und donnerten um Hilfe, die aber nicht kam. Niemand, nicht einmal die stürmische Nordsee, konnte sie aufhalten. Und so rasten die drei Dünen jahrelang aufeinander zu und schließlich ineinander.

Eines Tages öffnete eine neue Düne ihre Augen und sah über Spiekeroog. Nun war sie keine kleine Wanderdüne mehr, sondern die größte und vor allem höchste Düne, die Ostfriesland je gesehen hat. Da sie aus feinstem, weißem Sand bestand, sagte sie: „Von nun an bin ich die Wittdün, die Weiße Düne."

Und keine andere Düne wagte es, ihr zu widersprechen. Auf Spiekeroog nicht, aber auch auf den anderen Ostfriesischen Inseln nicht.

Dünen geben tatsächlich unterschiedliche Geräusche von sich und werden oft auch als „singende Dünen" bezeichnet. Die nach unten rutschenden Sandkörner verursachen Luftschwingungen, die wir als Brummen, Donnern oder Stöhnen wahrnehmen. Entscheidend ist die ungeheure Menge der Sandkörner.

Kein Wunder also, dass Menschen früher manchmal geglaubt haben, dass Dünen leben. Vor allem Wanderdünen natürlich.

Sehenswert sind das Inselmuseum, die alte Inselkirche von 1696 und das Alte Inselhaus von 1700. Von der Kurverwaltung aus lassen sich alle Ziele gut erreichen. Außerdem können dort Insel- und Watttouren gebucht werden. Erklärungen zum Verhalten in den Dünen gibt es auch.

Ort: Kurverwaltung: Noorderpad 25, 26474 Spiekeroog
https://www.spiekeroog.de

Das Märchen vom Diekdüvel

Als vor langer Zeit die ersten Deiche gebaut wurden, freuten sich die Menschen an der ostfriesischen Küste. Doch die Freude währte nicht lange, denn ab und zu, wenn es ihm gefiel, erschien des Nachts der Diekdüvel und versetzte die Menschen in Furcht und Schrecken.

Immer weniger Menschen trauten sich nachts auf den neuen Deich. Denn schon am frühen Abend, wenn die Sonne noch über dem Horizont zu sehen war, musste man damit rechnen, dem Diekdüvel zu begegnen. In den Dörfern herrschte helle Aufregung. So war es auch in Hilgenriedersiel.

„Er ist schwarz wie ein Stück Holzkohle", flüsterte einer der Deicharbeiter, der versicherte, ihn gesehen zu haben.

„Sein ganzer Körper ist behaart wie der eines Bären", glaubte ein Reusenfischer zu wissen.

„Er hat einen langen Schwanz", erzählte der Lumpensammler, „wie es sich für einen richtigen Teufel gehört."

„Seine Augen glühen wie Kohlen in einem Kanonenofen", versicherte der Bäcker. „Und Hörner hat er noch dazu!"

„Haltet euch fern vom Deich, wenn es dunkel wird!", mahnte der Schmied.

Gerade wollten alle nach Hause gehen, als der der reiche, mürrische und hochnäsige Bauer zwischen die Dorfbewohner trat.

„Ihr seid doch bloß Angsthasen!", brummte er, „wie kleine Kinder, die sich im Dunkeln fürchten."

„Hast du etwa keine Angst?", staunte der Deicharbeiter.

„Ich? Warum sollte ich?", antwortete der reiche Bauer. „Ich kann ihn mit meinen vielen Talern bestechen. Mir kann er nichts anhaben. Wenn es ihn überhaupt gibt!"

„Na, dann sieh doch nach!", spottete der Reusenfischer. „Am besten gleich! Die Sonne geht schon unter."

„Das werde ich auch tun", prahlte der reiche Bauer, setzte seine Mütze auf und knöpfte seinen Mantel zu. Vom Fischer erhielt er eine Laterne.

„Euch werd' ich's zeigen!", sagte er zum Abschied und marschierte zum nahen Deich. Schon nach wenigen Augenblicken war er in der einbrechenden Dunkelheit verschwunden.

„Viel Glück", sagte der Lumpensammler. Doch das konnte der reiche Bauer nicht mehr hören. Mürrisch folgte er der Deichkrone, bis er nur noch ein paar Lichter in der Ferne erkennen konnte.

„Das Dorf", raunte er. „Jetzt ist es weit genug. Ich kehre um. Es ist keinerlei Teufel in Sicht. Wie ich es mir gedacht habe."

Als er sich umdrehte und den Rückweg antreten wollte, stand wie aus dem Nichts plötzlich der Diekdüvel vor ihm. Und er sah genauso aus, wie ihn die wenigen Zeugen beschrieben hatten.

Dem reichen Bauern stockte kurz der Atem. Der Diekdüvel aber kam auf ihn zu und sagte mit höllischer Stimme: „Gib mir eine Aufgabe, reicher Bauersmann. Kann ich sie lösen, nehme ich dich mit. Kann ich sie aber nicht lösen, bist du frei!"

Der reiche Bauer nickte und dachte angestrengt nach. Schließlich hatte er eine Idee: „Mich bekommst du nicht, denn ich bin der reichste Bauer an der ganzen Küste. Hier sind drei Silbertaler. Verwandele sie in Gold. Auf der Stelle!“

Der Diekdüvel betrachtete mit seinen glühenden Augen die Taler in der Hand des reichen Bauern und begann zu lachen, wie nur Teufel es können. Dann hauchte er die Taler mit seinem heißen Atem an und schon waren sie aus purem Gold.

„Jetzt kommst du mit mir!“, rief der Diekdüvel, lachte laut, packte den reichen Bauern und verschwand mit ihm in die nachtschwarze Dunkelheit.

Am nächsten Tag war die Aufregung groß. Das ganze Dorf war auf den Beinen und suchte den vermissten Bauern. Doch von ihm fehlte jede Spur.

„Der Diekdüvel hat ihn geholt!“, glaubte der Reusenfischer.

Die anderen Männer und Frauen nickten mit traurigen Augen.

„Dann werde ich gehen und den Diekdüvel bitten, ihn freizugeben“, sagte der zweitreichste Bauer. „Das ist unsere Pflicht. Auch ich habe Geld und werde den reichen Bauern freikaufen.“

Als es dunkel wurde, machte er sich auf den Weg und folgte ebenfalls der Deichkrone. Seine kleine Schiffslaterne erhellte nur ein paar Meter des Wegs. Bald konnte er kaum noch etwas sehen. Nur ein paar weit entfernte Lichter.

„Das wird das Dorf sein“, sagte er. „Aber hier ist kein Teufel. Ich kehre um.“

Gerade wollte er den Rückweg antreten, da stand wie aus dem Nichts plötzlich der Diekdüvel vor ihm. Seine langen, schwarzen Haare bewegten sich im Wind. Auf seinem klobigen Kopf prangten zwei stattliche Hörner.

Dem zweitreichsten Bauern stockte der Atem. Der Diekdüvel aber kam auf ihn zu und sagte mit höllischer Stimme: „Gib mir eine Aufgabe. Kann ich sie lösen, nehme ich dich mit. Kann ich sie nicht lösen, so bist du frei und kannst gehen.“

„Und den reichen Bauern gibst du auch frei!“, forderte der zweitreichste Bauer.

„Abgemacht“, stimmte der Diekdüvel zu.

Der Bauer dachte nach und hatte auch schon bald einen passenden Einfall: „Ich habe hier drei Groschen in meiner Hand. Noch sind sie aus Kupfer. Verwandle sie in Gold!“

Der Diekdüvel betrachtete mit seinen glühenden Augen die Münzen in der Hand des reichen Bauern, lachte lauthals und hauchte die Groschen mit seinem heißen Atem an. Und schon waren sie aus purem Gold.

„Jetzt gehörst du mir!“, rief der Diekdüvel, lachte ein weiteres Mal, packte den Bauern und verschwand in der Dunkelheit.

Am nächsten Tag begannen die Menschen sofort mit der Suche nach dem vermissten Bauern. Auch von ihm fehlte jede Spur.

„Was sollen wir bloß tun?“, fragte sich der Bäcker.

„Ihr braucht nichts tun“, antwortete der ärmste Bauer des Dorfes, „denn ich werde gehen und in der Nacht nach ihm suchen.“

„Du Habenichts? Was willst du dem Diekdüvel denn bieten?“, schüttelte der Schmied den Kopf. „Deine alte Mütze?“

„Bleib hier“, riet der Lumpensammler, „und hilf mir bei der Arbeit! Gegen den Diekdüvel kannst du nichts ausrichten!“

„Das werden wir ja sehen!“, erwiderte der arme Bauer und lieh sich von einem der Fischer eine Laterne.

Als es Nacht war, machte er sich auf den Weg und folgte der Deichkrone. Bald konnte er kaum noch etwas sehen. Nur ein paar weit entfernte Lichter.

„Das Dorf!“, sagte er. „Nun ist es weit genug. Hier ist kein Teufel weit und breit. Ich kehre um.“

Aber er kam nicht weit, denn wie aus dem Nichts stand plötzlich der Diekdüvel vor ihm.

„Das wurde aber auch Zeit“, begrüßte ihn der arme Bauer.

Der Diekdüvel kam mit glühenden Augen und gespitzten Hörnern auf ihn zu und sagte mit höllischer Stimme: „Gib mir eine Aufgabe. Kann ich sie lösen, nehme ich dich mit. Kann ich sie nicht lösen, bist du frei und ein reicher Mann dazu.“

„Und was ist mit den beiden reichen Bauern? Die gibst du auch heraus!“, forderte der arme Bauer.

„So sei es“, stimmte der Diekdüvel zu.

Der arme Bauer kehrte dem Diekdüvel den Rücken zu und pupste, so laut er konnte. Später erzählten sich die Menschen, es wäre sogar noch im Dorf zu hören gewesen. Dann drehte er sich schnell wieder um und sagte: „Mach da einen Knoten hinein! Mitten in den Pups! Am besten einen Seemannsknoten.“

Der Diekdüvel sagte kein Wort. Stattdessen begann er langsam seine Farbe zu ändern. Erst wurde er dunkelrot, dann glühendorange. Sein leuchtendes Fell begann zu dampfen und ein entsetzlicher Geruch verbreitete sich auf der Deichkrone. Von einer Sekunde zur anderen stand sein Fell lodernd in Flammen. Gleich darauf stieß der Diekdüvel einen grässlichen Schrei aus und verschwand in den Flammen, die augenblicklich erloschen.

Der arme Bauer rieb sich die Augen, die sich erst wieder an die Dunkelheit gewöhnen mussten. Als er sie wieder öffnete, standen vor ihm der reiche und der zweitreichste Bauer und machten Gesichter wie vertrocknete

Quallen. Vor ihren Füßen aber lag ein Sack voll Gold, den der arme Bauer sogleich an sich nahm.

„Zurück ins Dorf!", befahl der arme Bauer, der nun ein reicher war.

Das Märchen vom Diekdüvel (Deichteufel) hat Georg Flessner, der Vater von Bernd Flessner, oft und in verschiedenen Varianten erzählt. Es kann in Hilgenriedersiel spielen, aber auch in anderen Orten.

Hilgenriedersiel verdankt seinen Namen einem Siel aus dem 16. Jahrhundert, das jedoch nicht mehr existiert. Der Nachfolger wurde 1925 geschlossen und später abgetragen.

Einst war der Ort berühmt für seine Kutschenverbindung nach Norderney, die auch Otto von Bismarck und andere Prominente genutzt haben. In Hilgenriedersiel befindet sich – inmitten von Salzwiesen – die einzige Naturbadestelle an der ostfriesischen Küste.

Ort: Hilgenriedersiel, 26524 Hagermarsch
https://www.ostfriesland.travel/sehenswuerdigkeiten/sehens-wuerdigkeit/naturbadestelle-hilgenriedersiel-hagermarsch

Der arme Bauer und sein Pferd

Es war einmal ein armer Bauer, der vom Pech verfolgt war. Seit vielen Jahren hatte er nur wenig ernten können, denn sein Land war nicht mehr so fruchtbar wie früher. Seine Frau war ihm fortgelaufen. Gerade wollte er sein altes Pferd vor den Pflug spannen, als er es tot im Stall vorfand. Es war unter der Last seiner Jahre zusammengebrochen.

„Was soll ich nur machen?“, klagte der Bauer. „Ich habe zu wenig Geld, um mir ein neues Pferd zu kaufen.“

Er ging zurück in seine kleine Stube und suchte zusammen, was ihm an Münzen geblieben war. Es war wenig genug, aber dennoch machte sich der Bauer am nächsten Tag auf den Weg zum Pferdemarkt. Dort ging es laut zu, und schon von Weitem hörte man die Händler und Käufer schreien. Denn es gab ja keine festen Preise, sondern es wurde gehandelt und gefeilscht. Fast immer erhielt am Ende der Kunde das Pferd, der am meisten geboten hatte.

„Hundert Taler!“, schrie einer der Käufer.
„Hundertzwanzig Taler!“, entgegnete ein anderer Bauer.
„Hundertfünfzig Taler für den Schimmel dort drüben!“, rief ein weiterer Bauer.

„Da kann ich nicht mithalten“, sagte der arme Bauer leise und marschierte traurig von Viehhändler zu Viehhändler. Da es nicht viele waren, stand er schon bald vor dem letzten Pferd, das auf dem Markt zu verkaufen war. Doch niemand schenkte dem Pferd Beachtung, denn es sah klapprig aus und besaß nicht viel Kraft. Das Fell war stumpf und das Gebiss ließ nichts Gutes ahnen.

„Ich weiß, es ist nicht das beste Pferd, aber dafür verlange ich nicht viel", kam der Händler auf ihn zu. „Für fünfzig Taler gehört es dir."

Der arme Bauer besah sich das Pferd, einen Fuchs, der seine besten Jahre bereits hinter sich hatte. Dafür aber warf das Pferd ihm einen unvermuteten Blick zu, den er noch nie zuvor bei einem Pferd gesehen hatte. Plötzlich glaubte er zudem, eine leise Stimme zu hören, die sagte: „Wenn du mich kaufst und gut versorgst, werde ich dich gut versorgen." Der Bauer drehte sich um, sah aber niemanden außer dem Viehhändler.

„Was ist jetzt, Bauer!", sagte der Mann. „Willst du das Pferd?"

Wieder hörte der Bauer die geheimnisvolle Stimme: „Wenn du mich kaufst und gut versorgst, werde ich dich gut versorgen." Erneut sah sich der Bauer nach allen Seiten um, bis es nur noch eine Möglichkeit gab. Den Satz hatte niemand anderes gesprochen als das Pferd. Kurz blickte er ihm in die Augen und sah dann auf seine Hand, in der seine wenigen Taler lagen.

„Ich kann dir zwanzig Taler geben", sagte der arme Bauer. „Mehr habe ich nicht." Der Viehhändler machte ein missmutiges Gesicht und drehte sich um. Doch als der arme Bauer mit gesenktem Haupt seinen Weg fortsetzen wollte, hielt er ihn zurück.

„Vor mir aus kannst du ihn haben", maulte er. „Wahrscheinlich ersparst du mir den Weg zum Metzger."

Der arme Bauer übergab dem Vielhändler die zwanzig Taler, nahm die Zügel in die Hand und trat den Rückweg an.

Den anderen Bauern aber war der Kauf nicht entgangen und sie lachten lauthals, als sie den armen Bauern mit seinem Klepper sahen.

„Dein neues Pferd zieht bestimmt zwei Pflüge auf einmal", spottete einer der Bauern.

Ein anderer ulkte: „Ein schnelleres Rennpferd habe ich mein Lebtag nicht gesehen. Da gehe ich jede Wette ein!“

Der arme Bauer aber scherte sich nicht um diese und andere böse Sprüche. Er ging seines Wegs und war sich sicher, eine gute Wahl getroffen zu haben. In seinem kleinen Stall suchte er den besten Platz für das Pferd und gab ihm das beste Futter und das frischeste Wasser.

„Morgen geht es ans Pflügen“, sagte der Bauer, bevor er den Stall verließ. Das Pferd sagte kein Wort, sondern wieherte bloß leise. Mit hoffnungsvollen Gedanken ging der arme Bauer zu Bett.

Am nächsten Morgen spannte der arme Bauer sein neues Pferd vor den Pflug, nahm die Zügel in die Hand und sagte: „Hü!“ Das Pferd machte augenblicklich einen Satz nach vorne und zog den Pflug über das Feld, als würde er so viel wiegen wie eine Feder. Noch dazu waren die Furchen so gerade wie mit einem Lineal gezogen. Der arme Bauer konnte kaum mithalten, so schnell trabte das Pferd. Auch als es ans Eggen ging, zeigte das Pferd keine Müdigkeit und zog die Egge, als würde sie nichts wiegen. Schon am Nachmittag konnte der arme Bauer an die Aussaat gehen.

„Ich habe dir doch gesagt, wenn du mich gut versorgst, werde auch ich dich gut versorgen“, sagte das Pferd später im Stall.

Und das Pferd hielt Wort, wie auch immer es dafür sorgte. Bald stand der schönste Dinkel mit dicken Ähren auf seinem Feld, während auf den Feldern der anderen Bauern nur ein paar mickrige Halme wuchsen.

„Aber wir haben doch die besten Pferde?“, wunderte sich einer der Bauern. „Und er hat nur diesen müden Klepper.“

„Wir haben das beste Saatgut und den besten Marschboden“, staunte ein anderer Bauer.

Als sich die Erntezeit näherte, waren die Ähren des armen Bauern goldgelb. Das Sensen fiel ihm so leicht wie nie zuvor, und mit Hilfe seines Pferdes konnte er seine Ernte schnell zum Müller fahren. Voller Neid sahen die anderen Bauern, wie der arme Bauer einen gut gefüllten Geldbeutel mit nach Hause nehmen konnte. Sie hingegen hatten dem Müller kaum etwas zu bieten.

„Er muss mit uns teilen", forderte einer der Bauern. „Das ist nur gerecht."

„Habt ihr denn mit ihm geteilt, als er eine schlechte Ernte eingefahren hat?", fragte der Müller.

„Nein, haben wir nicht", mussten die Bauern zugeben. „Wir werden es aber im nächsten Jahr gewiss tun. Bestimmt sogar. Wir sind ehrliche Bauern."

Dann stiegen sie auf ihre Pferde und ritten los, um den armen Bauern einzuholen. Der hörte natürlich die Hufe der anderen Pferde und bekam es

mit der Angst zu tun. Doch brauchte er sich keine Sorgen zu machen, denn sein Pferd fing umgehend an zu galoppieren. Schneller als der Wind eilte es davon. Die Verfolger sahen nur mehr eine Staubwolke. Der arme Bauer aber lachte laut, betrachtete seinen gefüllten Geldbeutel und dachte nach.

„Mein treues Pferd", sagte er. „Was hältst du davon, wenn wir uns einen anderen Hof suchen?"

„Wir sind bereits dabei", wieherte das Pferd. „Ich kenne den Weg."

Der arme Bauer und sein Pferd aber wurden im Dorf nie wieder gesehen.

Ostfriesland war schon immer ein Pferdeland. Um 1900 wurden 30 000 Pferde gezählt. Für frühere Zeiten liegen keine verlässlichen Zahlen vor. Reichtum und Macht waren im Mittelalter und später an Pferde gebunden. Wer Pferde und Land besaß, war reich. Das gilt vor allem für das fruchtbare Marschland an der Küste. Hier mussten die Pferde ackern.

Dornum lag im Mittelalter am Meer und besaß einen Hafen. Zeugen der Vergangenheit sind die Bockwindmühle von 1626, das Oma-Freese-Hus von 1850 und die beiden Burgen, Beninga-Burg und die Norderburg, beide aus dem 14. Jahrhundert. Führungen können vor Ort gebucht werden.

Ort: Norderburg, Schloßstraße 4, 26553 Dornum
https://www.dornum.de/erlebnisse/ostfriesische-tradition/wasserschloss
Ort: Beninga Burg, Beningalohne 2, 26553 Dornum
https://www.dornum.de/erlebnisse/ostfriesische-tradition/beningaburg

Der Hund aus dem Moor

Als das Klostermoor noch riesig und die Dörfer noch klein waren, wagte sich kaum ein Mensch ins Moor. Viele Reisende nahmen große Umwege in Kauf, um nicht das Moor durchqueren zu müssen. Das lag nicht nur an den gefährlichen Sumpflöchern, in denen man versinken konnte. Es lag auch nicht an den wenigen toten Birken oder Erlen, die wie Gerippe hier und da im Moor standen. Es lag an dem entsetzlichen Geheul, das immer wieder aus dem Moor zu hören war, vor allem in Vollmondnächten. Dieses unheimliche Heulen, da waren sich die Menschen sicher, stammte von einem riesigen, wilden Hund, der im Moor lebte und nur darauf wartete, einem Menschen an die Kehle zu springen.

„Bestimmt ist es der Kettenhund eines reichen Bauern, der seinem Herrn entkommen ist und sich vor ihm im Moor versteckt", vermutete ein Tuchhändler, der schon lange nicht mehr den Weg durch das Moor genommen hatte.

„Eine grauenhafte Bestie ist dieser Hund", wollte eine Waschfrau wissen. „Der ist keinem Bauern entlaufen, sondern dem Teufel höchstpersönlich."

„Der Torfstecher hat ihn gesehen", versicherte der Schäfer. „Du hast ihn doch gesehen?"

Der Torfstecher zögerte, sah sich kurz nach allen Seiten um und antwortete: „Nicht so laut. Es müssen doch nicht alle wissen."

„Hast du ihn jetzt gesehen oder nicht?", mahnte der Schäfer.

„Ja, ich habe ihn gesehen", gab der Torfstecher schließlich zu. „Es war weit im Süden, am Rand des Klostermoors. Ich wollte gerade ein paar Torfsoden

auf meinen Karren laden, als sein unheimliches Geheul wie eine Schlange durch das Moor kroch. Zunächst konnte ich gar nicht ausmachen, aus welcher Richtung es kam. Als ich dann nach Norden schaute, wo die schwarzen Erlen stehen, da sah ich seine feurigen Augen zwischen den toten Zweigen. Ein Ungeheuer, sage ich euch. Der ist nicht von dieser Welt. Er hob seinen Kopf und stieß einen Laut aus, der mir durch Mark und Bein ging. Ich ließ meinen Karren stehen und rannte davon. Das ist alles. Mein Karren steht noch heute dort."

So wanderten die Geschichten von Dorf zu Dorf und hielten die Menschen davon ab, ins Moor zu gehen oder es zu durchqueren. Sogar die Torfsoden, mit denen die Öfen beheizt wurden, beschaffte man sich von weit her.

Doch dann geschah eines Tages das Unglück. Der kleine Sohn des Viehbauern fand eine Lücke im Zaun und lief davon. Seine Mutter eilte ihm nach, konnte ihn jedoch nicht einholen, bevor er das Moor erreichte.

„Bleib stehen!", rief sie immer wieder. Doch ihren Sohn zog es ins Moor. Wahrscheinlich wollte er sehen, warum es für ihn verboten war, es zu betreten.

„Komm zurück!", schrie seine Mutter. Der Sohn aber folgte nicht, sondern rannte mit seinen kleinen Füßen weiter und weiter.

Das Dorf war schon nicht mehr zu sehen, als er in ein Sumpfloch rutschte.

„Oh nein!", rief die Mutter und lief, so schnell sie konnte. Ihr Sohn aber versank Zoll für Zoll im Moor. Er schrie und zappelte, das Moor aber war unerbittlich. Schon ragten nur noch sein Kopf und seine Hände aus dem Morast. Seine Mutter konnte ihn nicht mehr erreichen, ohne sich selbst in Gefahr zu begeben.

Da ertönte plötzlich das schreckliche Geheul des Moorhundes. Gleich darauf schoss er wie ein Blitz aus einem nahen Gebüsch und stürzte sich

auf den Jungen. Jedoch nicht, um ihn zu fressen, sondern um ihn aus dem Sumpf zu ziehen. Mit seinen langen Zähnen packte er ihn an einem Arm und stemmte sich gegen das Moor. Zoll für Zoll entriss er das Kind dem graubraunen Morast und hievte es ans rettende Ufer. Die Mutter verharrte, starr vor Schreck, daneben.

In diesem Augenblick erschien der Vater auf einem der sanften Hügel, einen Dreschflegel in den Händen.

„Du bekommst meinen Sohn nicht!", schrie er und rannte auf dem Hund zu. „Es wird Zeit, dem Spuk ein Ende zu bereiten!"

Er kam jedoch nicht weit, denn seine Frau stellte sich ihm in den Weg, den weinenden Sohn an der Hand.

„Nicht ich habe ihn gerettet, der Hund hat ihn aus dem Moor gezogen", hielt sie ihrem Mann entgegen.

„Der Hund?", wiederholte er ungläubig. „Dieses Ungeheuer dort?"

„Ja, der Hund!", bekräftigte die Bäuerin.

Erst jetzt ließ der Bauer den Dreschflegel langsam sinken, während der Hund noch immer am Rand des Sumpflochs hockte.

„Wenn er uns folgt, nehmen wir ihn mit", schlug die Bäuerin vor. „Wir könnten einen guten Wachhund gebrauchen."

„Aber nur, wenn er folgt", warf der Bauer ein.

„Ich folge", sagte plötzlich der Hund.

„Du kannst sprechen?", wunderte sich das Bauer. „Bist du etwa ein verzauberter Prinz?"

„Nein, ein verzauberter Hund", antwortete der Hund, der mit einem Mal ganz friedlich aussah. „Die alte Moorhexe hatte mich vor langer Zeit verzaubert, weil sie Hunde hasst. Alle Menschen sollten mich fürchten. Sollte mich jedoch jemand bei sich aufnehmen, so verliert der Zauber seine Wirkung. Und genau das ist soeben geschehen."

„Dann komm mit uns!", sagte die Bäuerin.

„Das werde ich tun", stimmte der Hund zu.

Von nun an lebte der Hund aus dem Moor beim Moorbauern und wachte über Haus und Hof und über das Vieh. Das Moor wurde nun nicht mehr gefürchtet und konnte gefahrlos durchquert werden.

Geschichten über Hunde in Mooren gibt es viele. Die wohl bekannteste stammt von Arthur Conan Doyle (1859–1930) und handelt von dem „Hund der Baskervilles". Der rätselhafte Kriminalfall, in deren Mittelpunkt die Familie Baskerville steht, wird von dem Detektiv Sherlock Holmes und dessen Freund Dr. Watson aufgeklärt.

Das vorliegende Märchen geht auf einen Hund zurück, der tatsächlich gelebt hat. Gemeint ist der „Torfhund von Burlage", ein vom Moor konservierter Haushund, der vor rund 500 Jahren gelebt hat. Der gut erhaltene Körper des Hundes wurde 1953 zufällig im Klostermoor II bei Burlage (Gemeinde Rhauderfehn) gefunden und anschließend wissenschaftlich untersucht. Funde dieser Art sind ausgesprochen selten.

Der Hund war zu Lebzeiten etwa 70 Zentimeter lang und hatte eine Schulterhöhe von etwa 40 Zentimetern. Über das Leben des Hundes ist nichts bekannt, fest steht lediglich, dass es ein junger Hund war. Auch seine Todesursache und sein Weg ins Moor sind unbekannt.

Über die Geschichte der Moore und des Torfabbaus erfährt man viel im Fehn- und Schifffahrtsmuseum des Ortes.

Ort: Südwieke 2a, 26817 Rhauderfehn
https://www.rhauderfehn.de/
Ort: Rajen 5, 26817 Rhauderfehn
https://fehn-schiffahrtsmuseum.de/

Der hungrige Wasserdrache

Vor vielen, vielen Jahren, in der Gegend um Dornum, lebten einige Fischer am Meer und hatten sich ein gutes Leben aufgebaut. Man hatte genügend zu essen und zu trinken, die Häuser waren bescheiden, aber gemütlich, und so waren alle zufrieden. Doch dies sollte nicht so bleiben. Eines Tages kam einer der jüngeren Fischer ohne seinen Fang zurück.

„Wo sind deine Fische geblieben?", fragten ihn die anderen.
„Ich weiß es doch auch nicht!", klagte der Fischer verzweifelt. „Ich habe mein Netz ausgeworfen und als ich es wieder hereinholen wollte, war es fort mit all den ganzen Fischen."

Die Erzählung des jungen Fischers hatte die Bewohner des kleinen Fischerortes beunruhigt. Wie konnte es sein, dass ein ganzes Netz voller Fische mit einem Mal verschwand? Doch nach einem schönen Abend am Feuer und einer heißen Krabbensuppe war man bereit, die ganze Sache zu vergessen und den Vorfall als Missgeschick abzutun.

Doch am nächsten Tag kamen gleich drei Fischer zurück und berichteten ebenfalls, dass ihre Netze mitsamt den Fischen verschwunden waren. Unruhe und Besorgnis breitete sich aus wie eine Flutwelle. „Wir müssen etwas unternehmen", sagte eine Fischersfrau, „sonst haben wir bald keine Fische mehr, die wir verkaufen können."

Schließlich wurde nach vielen Gesprächen der Dorfälteste aufgesucht und befragt. Dieser schwieg lange und zupfte ausgiebig an seinem weißen Bart.

„Einst lebte hier ein mächtiger altostfriesischer Wasserdrache", erzählte er der Dorfgemeinde. „Er soll über das Meer geherrscht haben und alle Tiere des Wassers waren ihm zu Diensten. Doch schließlich wurde er von

einer Hexe in einen hundertjährigen Schlaf versetzt. Seitdem hat keine Menschenseele ihn je wieder zu Gesicht bekommen und er verschwand aus dem Gedächtnis der Leute."

Damit endete die Geschichte des Dorfältesten und alle um ihn herum blickten in seine klugen Augen. „Aber was willst du uns damit sagen?", fragte einer der Fischer. „Ist der Drache erwacht und will deshalb unseren Fisch?" Schon gab es ein heftiges Gemurmel und Getuschel. Wenn sich dies bewahrheiten würde, konnten noch ganz andere Dinge passieren.

„Vielleicht greift uns diese schreckliche Kreatur an!", rief eine alte Frau aus der Menge.

„Was, wenn er auch unsere anderen Vorräte fressen wird?", fragte ein Junge.

„Das kann ich euch nicht sagen", erwiderte der Dorfälteste mit brüchiger Stimme. Er blickte hinaus auf die See. „Der Wasserdrache ist lange vor meiner Zeit nicht mehr gesehen worden. Wer weiß, was das Meer in seinen Tiefen birgt?"

Auch die junge Fischerstochter Eika hatte den Worten des Dorfältesten gelauscht. Sie glaubte an den Wasserdrachen. Während die anderen Dorfbewohner allmählich zu ihrer Arbeit zurückkehrten, fasste Eika einen Plan: Sie würde den Wasserdrachen aufspüren und herausfinden, was dieses uralte Wesen von ihrem Dorf wollte. Schließlich gab es noch in anderen Gegenden Fisch und das Meer war groß genug für alle.

Als es dunkel über dem kleinen Dörfchen wurde und die Leute sich in ihre warmen Hütten zurückzogen, schlich sich Eika zu den Schiffen. Dort angekommen legte sie sich auf die Lauer. Sie hörte das Platschen des Wassers gegen die Steine und hier und da waren noch einige letzte Vögel unterwegs. Eika wartet Stunde um Stunde. Doch nichts regte sich im Wasser. Enttäuscht und müde wollte das Mädchen schon wieder nach Hause gehen und in ihr warmes Bett steigen, als ein dunkler Schatten nahe einem alten Fischkutter auftauchte. Wie angewurzelt blieb Eika stehen und starrte auf die dunkle Fläche im Wasser, die schwärzer als die Nacht zu sein schien. Die Fischerstochter fasste all ihren verbliebenen Mut zusammen und schlich sich an den Kutter heran. Eine Maus hätte nicht leiser sein können. Mit jedem Schritt, den Eika tat, vernahm sie mehr Geräusche. Ein Blubbern schien aus dem Wasser zu kommen. Ihr junges Herz hämmerte vor Aufregung kräftig gegen die Brust.

Eika blieb stehen und rief in die Dunkelheit: „Wasserdrache! Komm und zeige dich mir!"

Der Wasserdrache, sofern er anwesend war, schwieg. Sie wiederholte immer noch voller Anspannung ihre Worte und starrte auf das Wasser. Plötzlich und nahezu lautlos schoss mit einem Mal ein Kopf, gefolgt von einem langen Hals aus dem Wasser. Eika sah nass glänzende Schuppen, einen kräftigen Körper und blitzende Augen. Vor lauter Schreck stolperte das Mädchen zurück und fiel dabei auf die Holzdielen des Steges. Vor ihr erhob sich nun der Wasserdrache, der auf sie mit gierigem Blick herabsah.

„Hast du etwas Fisch für mich?", fragte dieser mit einer tiefen, aber sanften Stimme. Dabei schleckte er sich mit seiner langen Zunge über das Maul. Es war voller spitzer Zähne, wie Eika nicht ohne Unbehagen bemerkte. „Fisch?", fragte sie mit zittriger Stimme.

„Ich leide so großen Hunger. Seit mich die böse Meerhexe Isaria vor 100 Jahren in einen tiefen Schlaf versetzt hat, habe ich nichts mehr gegessen", erklärte die Kreatur traurig.

Eika traute ihren Ohren kaum. Der Drache wirkte überhaupt nicht bösartig, nur furchtbar hungrig. Er hatte also nur aus Not heraus die Fische gefressen.

„Ich würde dir ja gerne helfen, lieber Wasserdrache", begann das Mädchen nun etwas entspannter. „Aber ich weiß nicht, wie. Die Fische hier in diesem Gebiet brauchen wir zum Leben. Du hast nun alles aus unseren Netzen gefressen."

Der Drache wiegte seinen Kopf hin und her. „Verzeih, das war mir nicht bewusst", sagte er schließlich „dann werde ich auf meine Insel im Meer zurückkehren, doch für den Flug dahin benötige ich einiges an Kraft."

Da kam Eika eine Idee. Am nächsten Morgen berichtete sie den anderen Dorfbewohnern ihre Begegnung mit dem Wasserdrachen. Zunächst wollte ihr niemand glauben, doch der Drache hatte ihr in weiser Voraussicht eine seiner leuchtend blauen Schuppen mitgegeben. Dieser Beweis überzeugte die Dorfgemeinschaft und sie beschlossen, dem Wasserdrachen zu helfen.

So kam es, dass jede Familie im Dorf einen Kuchen backte, Kartoffeln stampfte oder Rüben kochte. Voller Eifer wurden die Vorratsschränke und Kämmerchen nach etwas Essbarem für den Drachen durchsucht. Am Ende des Tages wurden die Lebensmittel und die zubereiteten Speisen in Körbe und Bollerwagen geladen und zum Meer gebracht.

Eika war ganz vorne mit dabei und rief schließlich auch nach dem geheimnisvollen Wesen. Und tatsächlich erhob sich wie eine Nacht zuvor der riesige Kopf des Drachen aus dem Wasser. Das ganze Dorf hielt vor Staunen den Atem an und die alte Annemarie fiel sogar für kurze Zeit in Ohnmacht.

„Wasserdrache, wir haben für die anstrengende Reise zu deiner Insel Essen für dich gesammelt und herbeigeschafft. Bitte nimm es als Geschenk an."

Der bläulich schimmernde Drachenleib schien im Wasser zu tanzen. Der Kopf senkte sich schließlich zu Eika herab.

„Ich danke euch!“, schnaubte der Drache. „Ich werde mich satt essen und anschließend aufbrechen. Euer Dorf soll von diesem Tage an mit Glück gesegnet sein.“

Die Dorfbewohner jubelten erleichtert. Der Drache wandte sich voller Genuss den Köstlichkeiten zu, die mit Liebe und Mühe für ihn zusammengetragen worden waren. Als er alles verspeist hatte, breitete er seine mächtigen Flügel aus und erhob sich mit solch ungeheurer Kraft in die Luft, dass die Schiffe im Wasser heftig hin- und herschaukelten. Der Wasserdrache verschwand allmählich am Horizont und ward daraufhin niemals wieder im Dorf gesehen. Die Dorfbewohner lebten durch seinen Zauber in Glück und Zufriedenheit und mit einem niemals endenden Fischvorrat.

Das Meer und seine Bewohner spielen in vielen ostfriesischen Legenden und Märchen eine bedeutsame Rolle. Fabelwesen und Geistererscheinungen aller Art werden von dem Element Wasser in unzähligen Geschichten beeinflusst.

Der Märchenschauplatz Dornum ist eine Gemeinde Ostfrieslands, welche unmittelbar an der Nordseeküste gelegen ist. Die Ortschaft ist bekannt für ihre beiden Sandstrände und die nach wie vor lebendige Fischereitradition. Das Zwei-Siele-Museum im Alten Hafen von Dornum bietet hier Informationen rund um die Schifffahrt, Ostfriesland und vieles mehr. Außerdem sind Dornum und seine Umgebung auch in historischer Hinsicht einen Besuch wert. Schließlich war der Ort auch ein Sitz von zwei einflussreichen Häuptlingsfamilien: Attena und Kankena.

Ort: Am Alten Hafen 1, 26553 Dornum
Zwei-Siele-Museum in Dornumersiel-Westeraccumersiel

Der mutige Stutenkerl

An einem milden Dezembertag wurde in einer Backstube ein großes Blech aus dem Ofen gezogen, auf dem frisch gebackene Stutenkerle lagen. Der Hefeteig war schön braun geworden, die Rosinen glänzten, die Tonpfeifen saßen an den richtigen Stellen.

„Wir haben es geschafft!", riefen die Stutenkerle im Chor. „Jetzt werden wir verkauft und gegessen. Das ist unsere Bestimmung!"

Nur ein Stutenkerl blieb stumm. Als die anderen wieder schwiegen, sagte er: „Natürlich werden wir gegessen. Aber bis dahin können wir viele Abenteuer erleben!"

„Das können wir nicht!", entgegneten die anderen Stutenkerle im Chor. „Wir können nämlich gar nichts."

„Ich aber schon!", erwiderte der Stutenkerl und erhob sich langsam vom Backblech.

„Lass es! Bleib hier! Geh nicht!", mahnten die anderen Stutenkerle, hatten aber keinen Erfolg. Der mutige Stutenkerl sprang vom Blech, bevor der Bäcker zur Stelle war.

„Halt! Bleib stehen!", rief der verwunderte Bäcker, doch da war der Stutenkerl auch schon zwischen seinen Beinen hindurchgelaufen. Auf seinen kleinen Beinchen gelang ihm auch noch die Flucht durch die Tür, die für einen Moment offenstand.

„Frei!", rief der Stutenkerl und marschierte zum Marktplatz. Dort traf er auf Ubbo und Meinert, die beiden schlimmsten Jungen des Dorfes. Sie

waren gerade dabei, einem kleinen Mädchen einen großen Lutscher wegzunehmen. Das Mädchen wehrte sich, kam aber gegen die beiden Rüpel nicht an, die laut über ihr Opfer lachten.

„Lasst sofort das Mädchen in Ruhe!“, rief der Stutenkerl, so laut er konnte. Erst beim dritten Mal hörten ihn die beiden Jungen.

„Ein Stutenkerl!“, grölte Ubbo und sagte zu dem Mädchen. „Du hast ja tolle Freunde!“

„Los! Den schnappen wir uns und verputzen ihn!“, schlug Meinert vor.

Schon liefen die beiden los und streckten ihre Hände aus. Der Stutenkerl aber schob seinen Bauch nach vorne, als wolle er ihn zum Platzen bringen. Als ihn die beiden fast erreicht hatten, drückte er zusätzlich die Arme nach hinten. Umgehend lösten sich die Rosinen von seinem Bauch und schossen eine nach der anderen den beiden Jungen direkt in die Augen.

„Aua!“, schrien sie auf und rieben sich die Augen.

„Schnell weg!“, rief der Stutenkerl dem Mädchen zu.

„Danke!“, sagte das Mädchen, drehte sich um und rannte davon.

Auch der Stutenkerl setzte seinen Weg fort, ohne zu wissen, wohin der ging. Er war noch nicht weit gekommen, als ihn ein großer, roter Hut überholte. Er segelte einfach über ihn hinweg.

Sofort beschleunigte der Stutenkerl seine Schritte, holte den Hut ein und hielt ihn fest. Gleich darauf bückte sich eine Frau in einem roten Mantel zu ihm hinunter und sagte: „Vielen Dank! Du hast meinen Hut gerettet. Ich habe nämlich meine Hutnadel verloren und kann den Hut nicht mehr in meinem Haar feststecken.“

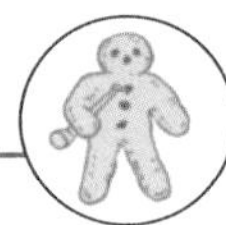

Der Stutenkerl überreichte den Hut und dachte kurz nach.

„Ich kann Ihnen helfen“, sagte er höflich. „Nehmen Sie meine Tonpfeife als Haarnadel.“

Die überraschte Frau nahm die Tonpfeife und befestigte damit den Hut.

„Tatsächlich“, freute sie sich. „Der Hut hält. Ich danke dir vielmals!“

„Gern geschehen“, lächelte der Stutenkerl, verbeugte sich höflich und stapfte davon.

Am Ufer des Dorfteichs fiel ihm eine kleine Ente auf, die ein wenig humpelte.

„Was ist mit dir?“, fragte er.

„Ach, es ist halb so schlimm. Ich habe mir den Fuß verstaucht, weiter nichts“, antwortete die Ente.

„Warum bist du nicht bei den anderen Enten am Ufer gegenüber?“, fuhr der Stutenkerl fort.

„Mit dem Fuß kann ich nicht richtig schwimmen“, erklärte die Ente. „Ich komme nur sehr langsam voran.“

„Wenn es weiter nichts ist?“, lachte der Stutenkerl. „Setz dich auf meinen Bauch. Ich bringe dich ans andere Ufer.“

Der Stutenkerl ließ sich ins kalte Wasser gleiten. Die Ente folgte ihm und setzte sich auf seinen Bauch. Sofort begann er, mit den Füßen zu paddeln, und überquerte so langsam den Teich.

„Was ist das?“, fragte er kurz vor dem Ziel, denn er merkte, dass sein Körper völlig durchweicht war und sich aufzulösen begann. Gerade noch rechtzeitig erreichte er das Ufer.

„Was wird nun aus mir?“, fragte er sich mit kaum noch hörbarer Stimme. „Ich will doch verspeist werden. Wie jeder Stutenkerl.“

„Du hast mir geholfen, jetzt helfe ich dir!“, sagte die kleine Ente und schnatterte die anderen Enten herbei. Sie fraßen den Stutenkerl bis auf den letzten Krümel auf, der noch im Wasser schwamm. So endete das abenteuerliche Leben des mutigen Stutenkerls.

Das Backen von Stutenkerlen hat in Ostfriesland eine lange Tradition. Insbesondere um den 6. Dezember herum, also dem Nikolaustag, kann man ihn überall kaufen. Er soll den Nikolaus darstellen, wobei die Tonpfeife den Bischofsstab symbolisiert.

Sehenswert ist nicht nur der Ort Großheide, sondern auch die Umgebung. Im abgetorften und aufgeforsteten Umland liegt der „See im Königskeil". Auch sonst ist Großheide immer noch vom Torfabbau und von Mooren geprägt.

Nicht verpassen sollte man das Haus der Fehnkompanie. In der Roten Mühle im Ortsteil Berumerfehn wurde das Mehl gemahlen, aus dem die umliegenden Bäckereien die Stutenkerle gebacken haben. Die Rote Mühle ist ein dreistöckiger Galerieholländer, der ursprünglich in Carolinensiel stand und 1937 nach Berumerfehn verbracht wurde.

Ort: Schloßstraße 10, 26532 Großheide
https://www.grossheide.de/
Ort: Mühlenweg 1, Berumerfehn, 26532 Großheide
https://www.grossheide.de/

Der wählerische Häuptlingssohn

Es war einmal ein Ostfriesischer Häuptling, der hatte einen Sohn, der trotz seines Alters von fast dreißig Jahren noch immer nicht verheiratet war. Der Häuptling aber bestand auf einer baldigen Heirat, denn er wollte, dass seine Häuptlingsburg weiterhin in Familienbesitz blieb. Immer wieder machte er seinem Sohn Vorschläge, die dieser jedoch umgehend ablehnte.

„Da ist Hyma, die Tochter des Häuptlings von Pewsum", sagte er eines Tages zu seinem Sohn. „Sie wird wohl eine stattliche Mitgift erhalten."

„Du weißt doch, ich wünsche mir eine schöne Braut. Aber Hyma hat abstehende Ohren, die jedes Segelschiff in Verlegenheit bringen. Sie hat keine Ohren, sondern Rahsegel", entgegnete der Sohn. „Ihre Haare sind grob wie Holzwolle. Keinen geraden Satz bringt sie über ihre wulstigen Lippen."

„Woher weißt du das?", fragte sein Vater erstaunt. „Du bist ihr doch nie begegnet."

„Die Stallburschen haben es mir erzählt", antwortete der Sohn.

„Ach!", wunderte sich der Häuptling. „Dann kennen sie also die Häuptlingstochter?"

„Das nicht", erklärte sein Sohn. „Aber sie haben alles über sie auf dem Markt in Emden erfahren."

„Na gut, wenn dem so ist", meinte der Häuptling betrübt. „Da wäre noch Onna, die Tochter des Häuptlings von Dornum. Auch ihr Vater ist kein armer Mann."

„Ach die!“, empörte sich sein Sohn. „Sie verfügt über eine Nase, groß wie eine Pflugschar. Ihr Kinn ist spitz wie unsere Kirchturmspitze, ihr Heck dagegen gleicht dem eines unserer Kaltblutpferde.“

„Auch ihr bist du nie begegnet“, staunte sein Vater. „Woher kennst du sie so gut?“

„Die Stallburschen“, antwortete der Sohn.

„Und die haben es auf dem Markt aufgeschnappt“, fuhr sein Vater fort.

Sein Sohn nickte kurz und strich sich mit der Hand durch sein dichtes Haar.

„Was aber ist mit Idze, der Tochter des Häuptlings von Lütetsburg?“, wagte der Häuptling einen weiteren Versuch.

„Du meinst die mit der Augenklappe?“, erwiderte sein Sohn.

„Sie trägt eine Augenklappe?“, wunderte sich der Häuptling. „Woher weißt du es? Ach ja, die Stallburschen.“

„Nicht nur das“, grinste der Häuptlingssohn. „Ihr Buckel soll ihren Kopf überragen und ihre Füße sollen groß wie Rhabarberblätter sein.“

„Die Stallburschen“, murmelte der Häuptling traurig und sann nach einem Ausweg. Nach vier Wochen hatte er endlich einen Plan. Auf einem Ball in der Burg sollte sich sein Sohn für eine Braut entscheiden. Alle anderen ostfriesischen Häuptlinge, mit denen er nicht verfeindet war, wurden eingeladen, und das waren fast alle. Das Fest war in vollem Gange, als der Häuptling an seinen Sohn herantrat und ihn auf eine Häuptlingstochter aufmerksam machte.

„Dies ist Hyma, die Tochter des Häuptlings von Pewsum“, sagte er.

Seinem Sohn verschlug es fast den Atem, denn vor ihm erschien eine wunderschöne Frau mit einem makellosen Gesicht, blauen Augen, langen Haaren unter denen die Ohren nicht zu erkennen waren.

„Das wäre eine passende Gemahlin für mich“, flüsterte der Sohn seinem Vater zu.

„Aber sie ist doch viel zu hässlich“, wunderte sich der Häuptling.

„Aber doch nicht diese Hyma“, entgegnete der Sohn kopfschüttelnd. „Es muss sich um eine andere Hyma handeln, von der die Stallburschen berichtet haben. Sagtest du nicht, dass sie eine stattliche Mitgift erhält?“

„Allerdings!“, antwortete der Häuptling. „Große Ländereien und mehrere Goldbarren.“

„Dann werde ich sie fragen“, freute sich der Häuptlingssohn und trat an sie heran. Er verbeugte sich und bat sie, seine Frau zu werden. Doch Hyma sah ihn nur entsetzt an.

„Einen derart verunstalteten Mann soll ich heiraten?“, entgegnete die Häuptlingstochter. „Seht euch doch bloß mal seine schiefe Nase und seinen noch schieferen Mund an. Ja, der ganze Kopf scheint mir so schief zu sein wie der Kirchturm von Suurhusen. Nein, ich wünsche mir einen schönen Häuptlingssohn.“

Mit offenem Mund blieb Enno zurück, während Hyma davoneilte.

„Hattest du keinen Erfolg?“, fragte wenig später der Häuptling.

„Nein“, gestand sein Sohn.

„Also wähle eine andere!“, riet sein Vater.

Enttäuscht ließ Enno seinen Blick schweifen. Nach einer Weile fragte er seinen Vater: „Wer ist die hübsche Rothaarige dort drüben?"

„Das ist Onna, die Tochter des Häuptlings von Dornum", antwortete sein Vater. „Käme sie für dich in Frage?"

„Unbedingt!", lachte Enno. „Sie ist wirklich sehr hübsch."

„Mir hast du versichert, sie sei hässlich und hätte eine Nase, groß wie eine Pflugschar", wunderte sich der Vater.

„Die Stallburschen müssen von einer anderen Onna gesprochen haben", wehrte sich der Sohn. „Diese hier ist eine wahre Augenweide. Ich werde wohl um ihre Hand anhalten."

„Nur zu!", nickte der Häuptling und klopfte seinem Sohn auf die Schulter.

Der Häuptlingssohn durchquerte den Ballsaal und ging vor Onna in die Knie. Wieder stellte er seine Frage.

„Ich habe immer von einem schönen Mann geträumt", antwortete Onna. „Nicht aber von einem Mann mit dem Gesicht einer geräucherten Makrele. Nein, einen Fisch heirate ich bestimmt nicht! Lebt wohl!"

Dem Häuptlingssohn war die Verblüffung anzusehen. Er stand auf und schlich enttäuscht durch den Ballsaal.

„Wie ist das nur möglich?", fragte er seinen Vater. „Sie halten mich für hässlich."

„Du sie doch auch", entgegnete der Häuptling. „Und nicht nur vor mir hast du deine Ansicht verkündet. Überall hast du sie verbreitet."

„Es waren die Stallburschen", verteidigte sich sein Sohn.

„Aber du bist derjenige, der ihnen geglaubt hat, statt sich ein eigenes Urteil zu bilden“, widersprach der Häuptling. „Du bist ein Narr! Schlimmer noch, du hast darüber hinaus vergessen, dass Schönheit nur ein äußerliches Merkmal ist.“

Der Häuptlingssohn nickte schweigend und schaute sich erneut im Ballsaal um. Schon nach wenigen Minuten fragte er seinen Vater: „Wer ist die ausnehmend schöne Frau dort hinten?"

„Das ist Idze, die Tochter des Häuptlings von Lütetsburg", antwortete sein Vater. „Auch, wenn ihr die Augenklappe ebenso fehlt wie der Buckel. Sie ist es dennoch."

„Ich gebe zu, ich bin ein Narr gewesen. Aber ich werde einen letzten Versuch wagen", sagte der Häuptlingssohn und durchquerte ein weiteres Mal den Ballsaal. Wieder kniete er nieder und bat um die Hand von Idze.

„Ich muss dieses Ansinnen leider ablehnen", antwortete die Häuptlingstochter. „Denn ich habe mir geschworen, einen schönen Mann zu heiraten. Sie aber sind hässlich wie ein Feldweg bei Nacht."

„Aber das bin ich nicht!", widersprach Enno.

„Das sind Sie doch!", entgegnete die Schöne. „Das erzählen jedenfalls die Stallburschen in ganz Ostfriesland. Und ich glaube ihnen, so wie Sie ihnen glauben."

In diesem Augenblick gesellten sich Hyma und Onna zu Idze, die sagte: „Ich hoffe, das war Ihnen eine Lehre."

„Wir wünschen Ihnen viel Erfolg bei Ihrer weiteren Brautschau", fügte Onna hinzu. „Uns lassen Sie dabei bitte unbehelligt."

„Ein ehrbarer Häuptlingssohn glaubt nicht dem Geschwätz der Straße", ergänzte Hyma.

Die drei Frauen drehten sich um und verschwanden in der Menge der Gäste.

„Und, was haben sie gesagt?", fragte sein Vater, der plötzlich hinter ihm stand. „Du braucht nicht zu antworten, denn ich kenne die Antwort bereits. Sie haben alle drei die Wahrheit gesagt. Stimmt's?"

„Ja, Vater", nickte Enno kleinlaut. „Ich bin nicht nur ein Narr, ich bin ein Riesennarr."

„Dann besinn dich und suche aufs Neue eine Braut", freute sich sein Vater. „Diesmal aber suche selbst."

Grimersum wurde im 8. Jahrhundert am Ufer der Leybucht gegründet, die damals weit ins Land reichte. Die Häuptlingsfamilie Beninga ließ im Laufe der Zeit gleich drei Burganlagen errichten, die Oster- und die Westerburg im Ort, eine Burg zwischen Grimersum und Wirdum.

Die Osterburg wurde von Eggerik Beninga (1490–1562) bewohnt und ausgebaut. Er ist einer der wichtigen Geschichtsschreiber Ostfrieslands und verfasste die „Cronica der Fresen". Seine Grabplatte befindet sich in der Kirche von Grimersum. Seine Burg ist leider nicht mehr erhalten. Sie verfiel im 18. und 19. Jahrhundert. Heute sind lediglich die Ruinen vorhanden.

Um die zahlreichen Häuptlinge ranken sich bis heute ebenso zahlreiche Geschichten. Von der Eggerik-Beninga-Straße aus lässt sich der Ort gut erkunden.

Ort: Eggerik-Beninga-Straße, 26736 Krummhörn
https://www.greetsiel.de/region-und-landschaft/doerfer-der-krummhoern/grimersum

NORDSEE

Ostfriesische Märchen

Wattenmeer

Greetsi

Krumm